本著作受教育部人文社会科学重点研究基地吉林大学中国国有经济研究中心资助

本著作为中国工程科技发展战略吉林研究院咨询研究项目（JL2020－005－05）阶段性成果

中国国企民企资源整合 与创新行为研究

齐 平 等著

中国财经出版传媒集团

经济科学出版社

Economic Science Press

图书在版编目（CIP）数据

中国国企民企资源整合与创新行为研究/齐平等著．—北京：
经济科学出版社，2020.11
ISBN 978 - 7 - 5218 - 2111 - 6

Ⅰ.①中…　Ⅱ.①齐…　Ⅲ.①国有企业 - 资源管理 - 研究 -
中国②民营企业 - 资源管理 - 研究 - 中国③国有企业 - 技术
革新 - 研究 - 中国④民营企业 - 技术革新 - 研究 - 中国
Ⅳ.①F279.241②F279.245

中国版本图书馆 CIP 数据核字（2020）第 229675 号

责任编辑：李晓杰
责任校对：靳玉环
责任印制：范　艳　张佳裕

中国国企民企资源整合与创新行为研究
齐　平　等著
经济科学出版社出版、发行　新华书店经销
社址：北京市海淀区阜成路甲 28 号　邮编：100142
总编部电话：010 - 88191217　发行部电话：010 - 88191522
网址：www. esp. com. cn
电子邮箱：esp@ esp. com. cn
天猫网店：经济科学出版社旗舰店
网址：http://jjkxcbs. tmall. com
北京密兴印刷有限公司印装
710 × 1000　16 开　15.5 印张　200000 字
2020 年 12 月第 1 版　2020 年 12 月第 1 次印刷
ISBN 978 - 7 - 5218 - 2111 - 6　定价：66.00 元
（图书出现印装问题，本社负责调换。电话：010 - 88191510）
（版权所有　侵权必究　打击盗版　举报热线：010 - 88191661
QQ：2242791300　营销中心电话：010 - 88191537
电子邮箱：dbts@ esp. com. cn）

前言 Preface

　　"企业兴则国家兴，企业强则国家强"，企业是推动经济高质量发展的主体。一方面，中国经济的腾飞离不开中国特色国有企业的强大助力与推动，无论是新中国成立伊始为平息社会动荡、满足人民需求，集中一切力量进行社会主义建设，还是现阶段为化解"人民日益增长的美好生活需要和不平衡不充分的发展之间的矛盾"，抑或推动改革培育具有全球竞争力的世界一流企业，国有企业一直是承担历史使命的主力军；另一方面，民营企业与市场环境具有天然适应度。不仅在体质、气质上相融合，在灵魂、精髓上也相契合；既具有市场竞争充分和产权结构清晰的特点，也具备资源配置优化能力强和创新效率高的特征，是中国经济发展不可或缺的一支生力军。

　　"创新推动进步""创新创造价值"。对企业而言，创新活动是一个庞杂的系统，起点是各种新构思的产生，终点是追求创新成果的商业价值转化，中间涉及企业、部门、各模块环节和员工之间信息与知识的交换，需要庞大的资源体系作为支撑才能顺利运行；需要经过将众多未经系统化的零散资源相融合的过程，才能保障其创新活动持续有效地开展。创新所依赖的知识、信息等隐性资源是建立在个人经验基础之上，尤其是知识资源依托于人才发挥作用，故对于这类资源竞争对手无法模仿习得，属于企业的核心竞争力。而此时，企业间资源整合作用于创新行为起点，有利于将资源配置到利用效率最高的主体和有效的情景当中，使更多具有不同知识背景和素养的员工将自身拥有的信息和知识相互协调并融合在一起，促进企业在技术、制度和管理等方面新思路、新理念的产生；企业间资源整合作用于创新行为的终端，会推动新的研发产品投入生产环节并发挥创新的商业化价值。与高校科研院所的技术研发不同，企业的技术创新作为一项更为复杂的系统，不仅包括创新思路的产生和新产品的生产，其根本目的在于实现企业经济效益的最大化。从某种意义上讲，经济价值的实现与否是判断企业创新活动成功与失败的标准之一。因此，除了高级技术人员外，企业的创新发展还涉及企业内部的企业家、销售渠道及各种组织资源，以及复杂的企业外部市场资源和社会资源。只有将众多资源相互适应、相互协调地整合到一起，企业的创新行为才能顺利展开，其中任何一个环节的资源整合效果都关乎企业整体创新活动的成败。

可见，集国企民企所长、执资源整合之笔、书创新发展新篇将成为我国经济发展的必由之路。但遗憾的是，国内研究领域鲜有尝试秉承全局的资源整合观，以完成中国改革任务为导向，实现产业结构调整、创新驱动发展及社会福利最大化为目标，针对国企民企资源整合与创新行为互动效应的相关研究。基于此我们在 2016 年度国家社会科学基金项目，在吉林大学中国国有经济研究中心及清华大学项目的资助下完成了本研究。

本研究突破了理论界关于供给侧改革及企业创新发展路径等重大问题的单向研究范式，运用整体性、战略性的宏观思维方法，把供给侧改革、企业资源整合、创新行为问题纳入一个研究系统，运用经济学、管理学等学科相关理论构建起一个完整的理论框架进行综合性研究，以期得出具有创新性的研究结论；通过系统性、科学性的研究方法，充分结合我国企业现状与经济现实，提出有利于我国经济结构调整、产业结构升级、创新驱动发展战略有效实施、供给侧改革目标顺利实现的具有可操作性的相关对策建议。

在宏观理论指导下，本研究首先对国企民企资源禀赋及创新发展状况进行了现实考察与分析：在分析企业创新资源系统构成与各维度作用关系的基础上，按照与企业创新相关程度的高低划分企业资源层次结构的维度与方法，拟订企业资源划分从政治资源、知识资源、管理资源、市场资源四个维度，企业创新从技术创新、制度创新、管理创新和市场创新四个角度进行清晰分类和全面概括。按照企业资源与创新的相关程度，识别并考证国企与民企各自在制度、知识、管理和市场四个维度所具备的资源禀赋。从资源整合的发展现状来看，国企民企依托现有企业之间相互参股与控股模式、优势产品整合模式、兼并重组形成资源共享的新企业等模式，在资源整合领域不断深入，整合理念不断加强，整合数量不断上升，整合规模不断扩大，整合能力不断提高，整合方式逐渐科学化。从创新发展角度看，国有企业因研发力量雄厚、研发成果应用能力强、在高精尖和关键领域拥有多项创新突破，并能有效带动整个社会创业创新，已然在创新驱动发展中肩负起龙头作用；民营企业与市场天然的融合，既具有市场竞争充分和产权结构清晰的特点，也具备资源配置优化能力强和创新效率高的特征，现已成为创新驱动发展战略不可或缺的一支生力军。可见，国企民企在资源整合与创新发展方面的成果显著，但存在的问题同样不容忽视。问题中既有长久以来各地区企业面临的共性问题，也有新形势、新挑战下思想观念、发展方式、经济结构、体制机制相对落后等因素带来的个性问题，这就加剧了问题的复杂性和严重性，也导致问题解决的长期性、艰巨性。这些问题亟须各方的关注与探讨：资源整合与创新意识不强，相应政策支持力度偏弱；内外部环境交互不足，企业动态适应性缺乏；产业结构问题相对突出，企业资源整合难度较高；企业内部经营目标不一致，经营过程行政化、管理体制差异化严重；对无形资源重视程度不够，企业创新能力形成受阻等。鉴于问题的凸显，本研究运用系统思维模式，尝试性地探索国企民企资源整合的过程模型并进行现实情况分析考证，最后得出结论：以互联网平台模式进行国企民企资源整合，使平台领导者和参与者形成比较稳定的资源共享机制，核心企业对其内部资源和生态圈中其他组织的资源进行整合，充分发挥资源优势，推动转型升级，最终实现创新发展的长远目标，既是大势所趋又与具体实际相适应，成为当前进行国企民企资源整合的最优模型选择。

本研究还构建了国企民企资源整合与创新发展的内在互动耦合机制。在机制中，企业间的资源整合对企业创新发展的作用机制是其基础和起点；企业创新行为对企业资源整合的作用机制是中间桥梁；当国有企业和民营企业在更高的基础上开展创新活动时，会促进国有企业和民营企业之间更高层次资源整合模式的形成。随着国有企业和民营企业之间资源整合由初级整合向高级整合的过渡与转变，两者资源整合模式和资源共享理念会在全社会范围内形成一种示范效应，这种模式向社会各个部门的延伸和推广有利于调整产业结构，提高社会创新能力，最终实现经济的绿色可持续发展。此时，企业之间资源的共享对创新驱动发展和产业结构调整的作用机制是构建企业资源整合与创新发展内在耦合机制的最终环节。这三种作用机制有机组成，首尾相连，共同推进"国企民企资源有效的整合→促进企业创新水平提高→形成企业更高层次的资源整合→产业结构调整和创新能力升级→最终实现经济稳定持续增长"这一良性循环逻辑链条的实现。其中，这一链条的关键节点，即国企民企资源高级整合和共享已经成为一种共享经济范畴下的新型商业形态，颠覆了传统经济下的企业间资源整合模式。但国企民企资源共享能否健康运行，共享经济能否可持续地发展，有赖于政府在以下三个方面进行必要的制度设计和制度安排：首先，需要建立和完善安全信用体系；其次，加强对资源需求方的利益保障机制的建立和完善；最后，应当对共享经济的互联网平台加强监督和管理的力度。

结合以上对相关理论全方位的深化研究、对现实状况全面的客观分析、借鉴国内外成功经验和失败教训，根据经济发展的现实特点与国企民企资源禀赋实际状况，本研究最终从三个层面探寻出兼具有可操作性与实效性的国企民企资源整合与创新发展对策建议：（1）宏观政策层面，进一步深化体制改革，明确政府职能；完善相关法律法规，保障制度性供给；加快金融平台服务、加大税收优惠力度、拓宽企业融资渠道、有效利用互联网环境，为国企民企资源整合与创新驱动发展构建良好的外部环境。（2）中观发展层面，通过企业间所有制与经营形式变化而形成的三种不同发展模式合作，促进企业间深层次、全方位、多角度资源整合；企业与政府间的合作，要从自身实际出发，积极主动地构筑良好互信的伙伴关系；企业与高校、科研机构间合作，构建产学研互动合作机制，有效促进科技进步，确保创新驱动发展战略的有效实施。（3）微观经营层面，要求国企民企把握政策机遇，积极主动融入国家战略；明晰产权，深化企业改革，形成与我国城镇化、工业化发展良性互动机制；培育大企业，提高企业整体竞争力；构建大企业主导型产业链创新网络，实现全球价值链高端嵌入；实现科学管理，有效整合企业文化资源；树立创新型人才培养与引进理念，建立多元化激励机制。

本项目最终成果的完成，旨在学术价值上：丰富现有企业资源管理理论的研究内容，将企业资源按照其与企业创新行为相关程度的高低，从政治资源——知识资源——管理资源——市场资源的层次结构进行划分，提出新的划分维度；弥补现有文献对资源冗余问题研究的不足，在资源冗余与企业创新关系的分析中加入了所有制虚拟变量，并在此基础上首次探讨提升企业创新能力的国企民企资源冗余整合模式；深化企业资源与创新行为相关理论内容，重点揭示两者之间产生持续正向效应的机理，构建两者内在互动耦合机制的理论框架。在应用价值上：为供给侧改革目标实现提供新的宏观发展思路。把供给侧改革主要微观行为主体（国企民企）、资源整合、创新行为这些对改革成效具有决定性作用的经济行为要素进行全局性研究，为相关政策制定及制度设计提供理论参考，服务于推进经济结构升级、创新驱动发展重大战略实现进程；为混合所有制改革实践提供新的路径选择。通过理论与实证分析，探索出国企民企资源整合机制、路径与最优模式，提高国企民企资源整合效率，创新国企民企合作方式；为实现国企民企资源管理及创新行为效益最大化目标服务，提升企业管理能力，提高国内外竞争实力，保障我国经济发展质量。

本研究成果也存在一定的局限与不足，比如未能对个案进行模型化分析；在比较研究中部分企业未能充分开展实地考察。另外，关于国企民企资源整合与创新行为的研究具有较强的时效性，由于调查研究的第一手资料均有时间节点，而此时改革仍在不断推进，研究之初亟待解决的部分现实问题可能已被解决。作为改革进程中的研究，这是无法避免的缺陷。而恰恰因为改革的深入、理论的创新，还会出现新的问题、新的现象，有待于我们进一步深入研究与探讨。

2020 年 11 月

目 录 Contents

第一章

主要相关理论透视与深化

第一节　社会主义市场经济理论

一、供给侧改革理论

（一）自由主义与供给侧改革

作为新常态下的专有概念，供给侧改革这一新生理念的思想内核最早可以追溯到西方传统自由主义思想时期。供给管理和需求管理是经济学的主要研究内容，供给的管理政策研究是经济学研究的重要分支。早在古典时期，经济学创始者之一亚当·斯密就极力地反对重商主义中强调的通过积累金银财富扩大需求、通过需求的增长来刺激经济发展等观点，主张通过强化劳动、资本、技术等要素促进"供给一方"劳动生产率提高，发挥市场在资源配置中的决定性作用。19 世纪的萨伊深受亚当·斯密的启发，总结出了"萨伊定律"，强调供给可以自动创造需求，再一次否认了需求管理在经济活动中的主导作用。经过长期的发展、完善，供给侧结构性改革相关理论于 2015 年开始受到中国学者的广泛关注。

（二）供给学派与供给侧改革

20 世纪 30 年代经济大萧条之后，自由主义受到了凯恩斯主义的严峻挑战。凯恩斯主义强调"需求减少是导致经济衰退的主要原因""市场可以自发调整供给以达到均衡"，这些观念与萨伊定律背道而驰。然而，凯恩斯主义的相关理念对 20 世纪 70 年代的滞胀危机束手无策，为了解决生产停滞、通货膨胀等问题，供给学派应运而生。供给学派再一次肯定了自由主义将"供给侧"作为切入点的管理视角，认为需求会随着供给的变化而变化，而经济增长是由各个生产要素供给的有效配置决定的。此外，供给学派主张降低边际税率，减少政府的行政干预以调动企业的生产供给积极性，从而有效调节市场需求。然而在此值得一提的是，实践经验表明，供给学派的政策主张将进一步增加政府的财政赤字，因此该学派备受争议。

（三）政治经济学下的供给侧改革

在中国经济高速发展的 40 年里，马克思主义政治经济学理论一直是我国经济发展的主导思想，供给侧改革则正是马克思主义政治经济学在社会主义建设新时期的发展与创新。目前，我国供给侧出现的产能过剩、产业结构不平衡等问题都源于生产力与生产关系的矛盾。供给侧改革的本质就是促进生产力与生产关系的协调统一，进而完善我国社会主义生产方式。

马克思主义政治经济学的生产决定论是我国供给侧改革的理论基石。不同于西方经济学，马克思主义政治经济学认为生产是历史发展的产物，具有时代性和历史性。不同时代的生产具有不同的性质，过去的生产力与当今的生产力不可同日而语。自由主义时期，生产力有限，自由市场可以保证有效供给，但是以当今的生产力如果裸露在完全的自由市场中，很容易产生产业之间的不平衡和资源的错配问题。因此，在新常态背景下，西方经济学理论里面的自由主义和供给学派都不足以指导中国的供给侧改革。

马克思主义政治经济学的分工理论是我国供给侧改革思想的源头。随着社会生产力的飞速发展，传统意义上的社会分工越来越弱化，产品市场的供给结构失去平衡，导致部分行业产能过剩，低端产品的积压致使高端产品的研发和生产路径受阻，使得资源浪费和错配严重，而部分行业又由于生产要素，如劳动力、资本等的供给结构失衡，导致行业内部供给不足，这便进一步加剧了行业之间的结构性偏差。

因而，马克思主义政治经济学可以帮助我们了解社会分工在不同社会时期的不同特征，从而更全面地理解我国的供给侧改革。

（四）时代背景下的新供给经济学

西方的供给学派在带来一些消极影响的同时，却也将我们引入了从供给侧进行经济改革的新视角。不同于需求侧的消费、投资和出口等要素，劳动、资本、技术和土地等通常被视为供给侧的要素。作为供给侧改革的理论基础，新供给经济学以促进结构优化、转变发展方式为主要目标，部分理论吸收了西方供给学派的精华，但其本质是中国特色社会主义政治经济学的重要组成部分。

供给侧结构性改革是"供给侧""结构性""改革"三者间相互关联、相互促进的有机统一体。其中"供给侧"与"需求侧"相对应，主要指通过供给端的制度建设推动资本、劳动力、土地等要素的优化配置；"结构性"一方面指对改革顺序的结构性安排，另一方面指通过改革解决经济发展中的结构性问题；"改革"主要侧重于通过制度层面的改变与创新为生产力的发展提供保障。

供给侧结构性改革需要内外兼施。"内"即为通过各个生产要素供给的优化配置，实现资源利用效率的最大化，"内"对于直接促进生产力的发展具有决定性作用，是供给侧结构性改革的内生变量。一方面，我们要加快科学技术的创新、提高劳动力质量、优化资本市场结构等以提升全要素的劳动生产率；另一方面，我们要加快产业结构调整、优化能源消费结构、强化市场的主体地位以促进资源有效配置。"外"即为制度的设计和政策的安排，"外"为生产力的发展提供了良好的社会环境。政府本身要强化职能的转变，减少对经济活动的直接干预，减少政府参与经济的不必要环节，强化政府在公共品和公共服务供给、保障民生、市场规则设立的架构等方面的支撑作用。

供给侧改革需要供给侧和需求侧协调高效运作。供给侧改革是一种中长期的制度创新，但是在短期必须有一个稳定的社会环境，而社会环境的稳定需要有效的需求侧管理作为支撑，才能实现中长期的总供需的均衡，以增强经济活力。

总而言之，新供给经济学是理论的创新、是方法论的创新，更是结合中国发展实践的创新。

二、混合所有制理论

(一) 混合所有制的内涵

作为国企改革的基本方向,"混合所有制"这一概念最早出现在20世纪80年代中期。国有企业的混合所有制改制主要是规范治理机制的过程而不是简单的产权混合过程,其核心是市场化,基础是产权制度改革,基本路径主要有国有企业并购、民营企业参股、整体上市和员工持股等。混合所有制并非是简单的公司组织变革形式,而是不同所有制的产权主体在同一经济组织中进行多元投资、融合发展,是我国经济后续改革的顶层设计。

本书研究的国企民企资源整合,从所有制的角度来看是基于混合所有制理论。实践经验表明,我国社会主义初级阶段的生产力水平存在着区域间、行业间不协调,只有努力实现公有制与市场经济的结合,调整和完善所有制结构,才能改善企业经营情况,提高资本的运作效率,进而合理地配置资源。

(二) 混合所有制与供给侧改革的内在逻辑关系

混合所有制经济是供给侧结构性改革的核心内容之一,在供给侧改革的背景下,发展混合所有制经济显得尤为重要。

发展混合所有制经济可以有效地化解过剩产能、降低企业成本。在主营收入利润方面,国企利润大幅下滑,高负债率和低资产周转率制约着国企的可持续发展。能源行业的产能过剩问题的主要承担者就是国有企业,加上寻租行为的影响,与市场机制健全的民企相比,国有企业在供给侧难免存在着非市场性的计划行为。

供给侧改革和混合所有制改革是相互促进的。一方面,供给侧改革推动混合所有制的改革。供给侧改革要求简政放权,政企分开,在充分发挥市场的决定性作用的同时还要注重政府在市场信息方面的提供,而混合所有制改革恰恰就是要通过企业的兼并重组来提高企业的资源分配和利用效率;另一方面,混合所有制改革也加速了供给侧改革的进程,一旦混合所有制改革完成,国企民企整合对资源的利用将更加有效率,就可能化解产能过剩的问题。

第二节 企业理论

一、企业网络理论

(一) 现代企业网络理论的特征

现代企业网络是依靠计算机技术将企业联系起来而形成的分工协作的联合体,具体形式包括战略联盟、特许经营、供应链协调等。企业网络理论随着时代技术的发展和进步而具有不同特征。

第一,企业网络理论把技术进步、制度创新和市场相结合。此前企业都是被动地适应市场变化而改变自身经营策略,随着企业网络的形成,市场因素逐渐被视为企业参数,企业现在可依靠创新产品不断主动地冲击市场。例如苹果公司每年都会创新产品拓展市场,引领新一代智能手机的发展,而不是被动地去进行市场竞争。

第二，企业网络理论更多地着眼于企业内部生产过程分工。在过去几次工业革命中，企业形成了流水线式的大规模机器生产方式，但随着技术进步，这种生产方式越来越不适应企业发展要求，一方面，产品逐渐向着"高精尖"层面发展；另一方面，产品创新使得产品更新换代速度加快，相关学者认为必须建立一种新的劳资关系，在生产过程中树立技术贡献率的核心地位。

第三，企业网络理论认为企业网络内部各个关联企业组织之间的关系是合作竞争的，这种关系源于技术创新的新特性和降低成本的要求。各个企业之间要想达到降低成本的目标必须加强合作，进行技术创新和交流。

综上所述，企业网络理论的关键就是企业在技术进步和制度创新上的相互交流与合作，形成一个有机的企业链条。

（二）企业网络理论与供给侧改革的逻辑联系

企业网络理论的本质就是在互联网信息技术基础上实现了市场价格机制和组织内部权利机制的融合，它体现了一种新的竞争性合作关系。本书重在研究供给侧改革下的企业的资源整合问题，无论是国企还是民企，资源整合都离不开企业网络理论里面提及的企业之间竞争性合作。

首先，在解决产能过剩问题上，供给侧改革要求通过技术创新来实现资源的有效利用而不是只注重产量。企业通过加强彼此间的联系恰好可以实现对技术层面的突破；其次，在产品的供给问题上，供给侧改革要求调整供给以控制市场需求。企业的合作可以弥补单个企业无法改变的市场不足的缺陷，通过形成联合机制，可以有效地调节市场供给；最后，在达到改革预期方面，企业网络理论可以更有效地整合资源，达到市场均衡的目的。

二、合作竞争理论

合作竞争理论在当今网络信息时代的企业中发挥着至关重要的作用。传统思维认为，企业必须通过竞争才能创新发展，但是合作竞争理论认为合作将有效克服传统企业在战略上过分竞争所产生的困境。

在供给侧改革中提及的产能过剩造成的资源浪费问题可以用合作竞争理论来解决。本书研究国企民企的资源整合，国企和民企都是中国特色社会主义经济的重要组成部分，国企和民企的合作直接影响国民经济的供给端。合作竞争理论强调了战略制定的互动性和系统性，其通过大量的实际案例进行博弈策略分析，为企业战略管理研究提供了新的分析工具，为企业的资源整合提供了方法论的理论基础。

第三节　企业资源管理理论

一、产权理论

（一）关于产权理论的定义

产权是包括财产所有权、收益权、借用权及让渡权中至少一种及以上的权利。产权理论和国企民企资源配置效率有密不可分的联系，要想提高国企民企资源整合和企业创新能力，就必须界定产权归属，建立现代产权制度。建立产权制度的目标主要是为了规范财产和权利之间的关系，从而保证这种权利能够确定物权归属。

一般认为，科斯是现代产权理论的奠基者和主要代表人物，是产权理论的创始人。科斯一生主要考察了企业内部财产权利的合理分配以及权力界限的归属问题，即企业内部制度问题。科斯产权理论主要针对企业产权含义的界定，从法律和经济两个角度说明产权的基本内涵，并在此基础上诞生了成本收益分析法。

（二）马克思主义产权理论与西方产权理论比较

学界普遍认为马克思主义产权理论与西方产权理论有着诸多相同点，但同时也存在着根本的不同。二者的不同之处主要体现在以下几方面：第一，二者的研究目的不同。马克思产权理论揭示了资本主义产权制度的本质，旨在为社会主义公有制的建立指明方向。现代西方产权理论的研究是为了维护自由宽松的市场制度，提高市场运行效率。第二，研究方法不同。马克思产权理论主要运用历史唯物主义和辩证唯物主义的方法。西方产权理论主要采用边际分析方法，辅以动态分析法和静态分析法进行研究。第三，二者认为产权变动的原因不同。马克思产权理论将生产力与生产关系、经济基础与上层建筑的对立统一作为产权制度变动的根本原因。西方产权理论则把生产效率视为产权制度变动的主要原因。

（三）现代企业产权和企业内部激励机制

企业发展步入正轨之后，由于生产能力和资源分配方式的改变，企业的产权结构会发生相应变化，同时企业的生产组织、生产规模也会发生一定的改变。随着企业产权制度的完善，企业生产经营权和所有权日渐分离，导致了委托代理问题，企业经营者面临对企业的生产经营负责与保障企业所有者权益的两难选择，企业内部激励对企业竞争力的提升显得尤其重要。

（四）现代产权理论与国企民企的关系

产权问题是企业资源整合绕不开的话题，国有企业在流转通畅的条件下应当实现产权归属明晰化、资源配置优化、企业监管高效化。

普遍认为，现代产权理论可以用来指导国企民企资源整合。现代产权理论中的交易费用理论是产权理论的基本分析方法。在国企民企资源整合不断推进的过程中，交易费用理论为企业之间的合并重组问题提供了经济上的思维方式和理论工具参考。当前我国国有企业主体虚设、产权关系不明确、国有企业资产缺少监督是国企市场竞争力不强的主要原因。国有企业所有权和经营权不明确也是当前国企改革面临的主要问题。产权理论将助力国企摆脱当前面临的困境，并由此提高企业创新能力，增强其市场竞争力。

总之，明晰产权是促进企业资源合理利用的必行之路。产权在企业资源整合中不断完善和发展，发挥着激励作用，不仅能促进当代企业制度的发展和运行，还能从经济行为上使我们更注重财产的划分，为企业创新行为提供更大的动力。

二、比较优势与竞争优势理论

（一）比较优势理论

比较优势理论源于亚当·斯密的绝对成本理论。斯密认为，社会中的经济体可根据自己所掌握的资源和优势进行专业化的生产，进而促进社会分工细化和社会福利的增加。比较优势理论认为，参与国际分工的国家，应该充分利用其优势要素进行生产，进而占据相对有利地位。大卫·李嘉图的相对比较优势理论和赫克歇尔—俄林的要素禀赋学说之间存在共同观点，认为每个经济体可以根据自身优势，生产最擅长的产品，进而通过交易满足自身需求，促进资源节约，增强经济效益。

在供给侧改革的大条件下，这一理论可以应用于国企民企资源整合。国企民企各自拥有得天独厚的优势，比如部分民企拥有更好的企业管理文化、更高效的生产效率，而国企可能存在冗杂多余的生产条件，进而导致生产成本过高，劳动和资本可利用率偏低。因此，整合国企民企资源，促进企业创新能力提高，离不开比较优势理论。

（二）竞争优势理论

所谓企业竞争优势，是指企业在产出规模、组织结构、生产效率及品牌影响力等方面所具备的独特优势的组合。1978 年，霍弗把竞争优势的概念引入战略管理中，他认为竞争优势是组织通过对已掌握资源的配置获得相对于竞争对手更有利的市场地位。

真正开始对竞争优势进行分析是 20 世纪 80 年代波特的国际竞争优势模型。国际竞争优势模型由四种本国的决定因素和两种外部力量组成。四种本国的决定因素包括要素条件，需求条件，相关及支持产业，公司的战略、组织及竞争力。两种外部力量是随机事件和政府。波特认为，企业通过在竞争市场上提供具有价值属性的物品和服务，而这种物品和服务超过其竞争对手所能提供的，并且这一物品和服务能一定时间内在市场上占据主导地位，从而获得超额利润或者超出所在产业平均生产能力水平。企业和企业之间有关联的便是对于市场的争夺，也就是竞争，这也是企业成长和发展要面临的首要问题。一个企业竞争力的强弱，往往决定这个企业是否能健康成长，这表明企业的竞争优势对企业的成长至关重要。

（三）比较优势理论和竞争优势理论的联系和区别

学界有关比较优势理论和竞争优势理论的认识一直存在不同的看法，部分学者认为，比较优势理论和竞争优势理论并无关系，二者只分别是经济学和管理学上的两大理论；也有学者认为比较优势理论和竞争优势理论本质上并无区别，都是用理论去阐述相关的问题，只是有了不同的名称。一般来说，这两大理论既相互独立也有一定联系。首先，二者的理论基础不同。比较优势理论始于对外贸易，一般指产品的互换和交易，而竞争优势理论的基础在于产品的竞争。其次，相关理论作用目标不同。作为国际贸易理论基础的比较优势理论的主要目的是预测国际贸易发展趋势，为选择合理的国际贸易模式提供科学依据，而作为战略管理理论基础的竞争优势理论则致力于为经济行为主体做出合乎价值取向的决策、设计并提供有效的工具和方法。最后，二者的发展路径不同。比较优势理论的发展经历了从"绝对比较优势"到"相对比较优势"、从"外生变量"到"内生变量"、从"静态研究"到"动态研究"的历程，而竞争优势理论的发展则经历了从企业微观层面向产业中观层面乃至国家宏观层面的历程。

第四节　创 新 理 论

一、企业技术创新

(一) 企业技术创新的含义

企业技术创新一般指企业生产技术的创新，通常包括开发新技术和在现有技术基础之上进行再创新。中西方的学者对企业创新有着不同的见解，但关于企业创新核心思想方面的认识则大体保持一致，即强调技术创新性。企业技术创新是生产创意到商业化的过渡，是一种与市场密切相关的经济活动。

(二) 企业技术创新与企业发展的关系

1. 技术创新促进企业的发展

技术创新对企业生存发展的重要性不言而喻。技术创新对企业未来的发展方向有一定的指导作用，还能决定企业的兴衰存亡。采用正确的、适合企业发展方向的技术创新方式，不仅是企业独立于现有市场并占据制高点的先决条件，还是企业在市场大环境下保持领先地位的关键。如一些德国本土企业所具有的独特优势便在于其选择了正确的、适合企业发展需要的创新方式。与投入大量资金、人才的中美企业相比，德国企业着眼于可直接促进市场开拓的应用型产品的创新，开发了性能优良的产品，积累了大量技术成果，为战后德国企业的发展和崛起奠定了坚实基础。

2. 企业的发展反作用于技术创新

通过对国内外不同类型企业的深入分析可以发现，企业发展过程中离不开对其他企业的产品进行模仿和借鉴。这表明，任何一种技术创新都是可以被学习的，只是受制于企业的技术基础和研发能力。不同创新模式对企业资金能力和技术基础的要求不同，因此在企业发展的不同阶段应当采用不同的技术创新模式。其次，企业发展反作用于技术创新模式，将增强技术创新的动力。对于国企和民企而言，企业发展早期由于设备、人才等生产要素不足，应以模仿型技术创新为主；企业发展到一定程度后，随着研发能力增强，应该以领先型技术创新为主。

二、企业制度创新

一般来说，随着生产力不断发展，原先的企业制度已经越来越不能满足日益增长的制度需求，因此必须对企业制度进行同步改革。企业制度对于企业的重要性不言而喻，从某种程度来说，企业就是不同生产要素的组合，而这种组合是依赖一定的企业制度建立起来的，因此企业制度的创新对企业发展极其重要。

（一）企业制度创新的内容

企业制度创新是指企业引入新的制度安排，为适应社会主义市场经济体制改革，我国必须建立符合当今现实情况的现代企业制度。当前我国企业制度创新应主要从以下几个方面入手：

（1）实行政企分开制度。通过资产评估或者财产核算，量化企业投资，从而把国有企业转变为国家投资企业，即国家对国有企业的管理权转变为对企业的投资和运营权，实现政企分开，而国有资本运营部门以及控股公司承担出资人的有限责任。

（2）建立现代法人财产权制度。企业的资产来自出资人和债权人两部分，但企业对总资产具有优化处置的权利。

（3）所有者权益制度。国有企业出资人对投资企业、母公司对其控股子公司应当建立所有者权益制度，主要表现为对企业经营者选择权的控制、对投资产出比的控制以及对企业重大经营决策权的控制。

（4）建立法人治理结构。企业应当建立科学规范的现代法人治理结构，从而促进公司股东、董事以及管理层之间分工明确化，这是企业建立领导层体制的主要内容。

（5）企业的配套制度。企业制度创新离不开相关基本制度的构建，例如健全的财务制度、人事调配制度、投资管理制度等。

总之，企业制度创新是一个多层面的分工体系，需要政府、企业及个人共同的努力才能完成。

（二）企业制度创新的目的

为了优化企业治理模式，企业的生产模式、经营方式、分配方式、经营管理等需要进行一定的规范和约束，而约束与规范的实现离不开符合企业发展要求的制度构建。企业制度创新就是将思维创新、技术创新、协同创新、组织创新等实现制度化和规范化，同时引导其不断发展和优化的一种创新模式。制度创新的主要目的是调整企业中所有权人、经营权人和劳动者之间的利益关系，从而提升企业的经营效率。

企业制度被认为是经济制度一定程度上在企业中的体现，它主要包括以下几个方面：（1）企业基本制度，即企业所有制的基础、企业分配的基本原则等；（2）企业体制和企业经营模式结构；（3）企业市场交易规则以及企业制度规定的行为准则，在此基础上进行的企业制度创新，包括四个方面的创新，即企业所有制结构的整合、企业经营模式的改变、企业管理模式的更新以及企业日常行为准则。

三、企业管理创新

（一）管理创新的含义

管理一般是指企业组织为了适应环境的变化而对资源进行合理配置与使用进而实现既定目标的动态性创造过程。管理创新是指企业根据所处的市场环境，通过调整发展战略和重新整合资源进行的一系列管理模式创新。

（二）管理创新的内容

管理创新一般包括企业经营理念创新、组织创新、管理方式创新及文化创新四个方面。

1. 企业经营理念创新

谈到企业管理创新不得不涉及经营理念的创新。当前企业面临的内外部环境愈发严峻，要想在市场中立于不败之地，首先需要改变企业经营理念，在经营理念上实现创新。只有在经营理念上独树一帜，才能在企业管理中优化企业资源配置从而超越竞争对手。实现企业经营理念的创新需要管理者从自身出发不断增强对管理职能核心的认知，企业管理者应当以创新行为为根本，追求企业组织结构、制度规范与企业资源的合理搭配。

2. 组织创新

作为一种新型组织形式，现代企业组织的内部结构是企业经营管理活动和其他有序化活动的支撑点。企业组织创新的主要方向是生产技术和劳动力等生产要素之间的整合、调整以及更新。通过组织结构和交易方式的变更对资源进行转移，使得整合后的资源能更好地服务于企业创新活动。当企业外部环境发生变化时，组织创新就会应运而生，组织创新所带来的企业效益隐含在企业生产过程中，其潜在作用是不可忽视的，这也为企业创新理念提供了现实可能性，为企业生产管理模式、企业制度创新开拓了空间。组织创新中比较普遍的是企业组织结构创新和组织关系创新。

3. 管理方式创新

企业管理方式创新是指企业在资源整合的过程中运用科学的管理方法和先进的管理技术，把企业组织运行的各种资源进行重新计算和调配，从而使得现有的资源被更加合理地运用。

4. 文化创新

文化创新一般包括企业环境创新、社交礼仪创新和企业价值观创新等。企业管理创新往往包含着企业文化创新，因为企业文化不仅体现在企业内部价值观和企业经营理念上，还指导着企业的重大决策和企业管理者个人行为，一方面，企业的文化通过传播、约束、激励以及融合等各种方式，提高了企业员工的生产积极性，从而促进了企业既定生产目标的实现；另一方面，企业文化与社会化生产环境融为一体，使得企业产品相关需求者与社会利益相互协调。因此可以说，企业文化创新有助于促进企业管理创新，是企业管理创新不可或缺的一部分。

四、企业市场创新

（一）市场创新理念

市场创新始于熊彼特的创新理论。随着市场经济发展和全球经济一体化进程的不断加快，世界形成了统一多样的市场，市场扩大为企业生存发展带来了新的机遇和挑战，一方面由于市场空间的扩大，企业市场机会随之增多；另一方面，更多竞争者进入市场，使得本就竞争激烈的市场环境更加严峻。为了抓住转瞬即逝的机会，扩大自身市场容量，就必须不断开发新的市场，也就是进行市场创新。这是企业适应新的市场环境、顺应市场经济规律进行扩大再生产的必然选择。市场创新可以定义为一种企业适应并利用新的市场环境，在遵循市场规律的前提下，进行新市场拓展的行为，包括为开发更好的市场而对消费者需求进行调研和识别等行为，在围绕消费者需求这一中心而对产品和服务进行不断更新以及在新市场开发的过程中所采用的营销模式等。

（二）市场创新的要素

通过上述市场创新定义可知，市场创新离不开新市场开发，即通过对新市场需求分析、新产品或服务的研发和设计、企业营销活动的开展将产品投入新市场。通常认为，市场创新由新市场、新产品需求、新产品的研发及产品的营销活动这四个要素组成，其中新市场是企业想要开发的目标市场；新产品需求是消费者潜在的、未获得充分满足的需求，新产品的研发是能满足未来消费者需求的新产品和新服务的结合；产品的营销活动是为了让潜在的消费者能够接受和认可新产品或服务而开展的相关活动。因此，市场创新是以创造新的产品需求并提供新的服务为宗旨，在新的区域内开发新的市场，从而实现消费者满足程度最大化。

第五节 协同效应理论

企业的协同创新与企业之间的并购活动是不可分割的。当今企业的协同效应主要通过企业之间的并购实现，并购活动带来经营成本、生产成本、运营成本以及财务成本的降低，使得企业市场竞争力大幅增强。如今，越来越多的企业通过并购实现跨越式发展，扬长避短，实现生产经营成本的降低，增强了企业外部营运能力。因此，从某种意义上说，企业协同效应理论事关企业并购的成败，如何去理解、识别、应用协同效应，对我国企业并购活动具有非常重要的意义。

一般来说，企业并购的协同效应是指通过对其他企业的并购，实现资源的共用和信息的共享，使得企业整体的市场价值超出独自经营的价值总和。协同效应主要包括管理协同效应、经营协同效应、财务协同效应和无形资产效应。

一、协同效应理论的产生

企业协同效应这一概念的提出最初是为了使得经理们在企业的发展和战略层面更好地进行决策。协同效应是指企业在战略目标明确的前提下，实现内部问题整合和内部部门协调合作运行，从而使得整体性运作效率超出单个部门的运作效率。简单来说，协同效应可以理解成整体大于局部，企业整体价值大于企业各部分价值的总和。这种协同效应主要表现以下两个方面：

（一）有形协同一般指企业通过有形资产共享降低成本，从而获取竞争优势

企业通过协同效应带来的资产共享过程有助于提高自身竞争力。除此之外，企业之间有形资产如各种生产设备、生产车间设施的利用，可以降低固定生产成本。有形资产的共享也可以帮助企业降低成本，形成竞争优势。同样的生产要素的采购，企业内部各部门的信息共享，都可以使企业各部分形成一个相互联系的整体。

（二）无形协同所带来的竞争优势更难以被复制

无形的协同效应使得企业成本大幅度下降，增加了企业的潜力。生产技术上的协同也可以是无形的，通过并购等方式获得更节约成本的生产流程，从而使企业的竞争力优势得以维持。

二、协调效应理论的发展

企业协同效应理论是从内部协调到外部联合的发展过程，企业最初是从单一的内部结构优化协同，使得企业内部效益最大化来减少成本，增强企业竞争力。主要有以下三种效应：企业内部业务的协同效应、企业外部业务的协同效应和并购协同效应。

（　）企业内部业务的协同效应

安索夫提出的通过企业内部重组实现企业业务效益最大化的协同效应仍有其局限性。随着经济的全球化不断深入和企业外部并购重组的不

断发展，这种传统的内部协同效应受到外部环境的严峻挑战。20 世纪七八十年代，在《竞争优势》一书中，迈克尔·波特将协同理论和战略业务单元理论进行了合并，阐明了企业如何在一个行业内创造价值并保持盈利状态。波特将业务单元进行关联并分类为三种类型：有形关联、无形关联和竞争性关联，并利用动态产业价值链分析法对每个业务行为对企业战略的影响进行了研究。

（二）企业外部业务的协同效应

企业间的外部业务协同一般指企业的并购协同。目前企业之间合并和收购已经成为新常态，企业通过并购可以使得企业快速进入另外一个行业或者弥补企业自身在本行业的短板。

（三）并购协同效应

企业并购一直是经济全球化的热点问题。20 世纪 90 年代以来，全球企业并购进入白热化阶段，这种并购的协同效应一直都被广大的研究者密切关注。

并购协同效应是指合并后的企业效益高于并购前企业独自运作产生的效益。并购的本质是通过企业资源的整合和调整，实现企业规模报酬和范围经济。并购后的协同效应不仅包括新旧公司的各种战略资源业务，而且也包括企业有形资产和无形资产合并的各种业务。动态价值链理论告诉我们，企业并购后最基本的整合应当实现的协同对企业的发展具有极大的价值，然而这种优势会慢慢被模仿或者超越，并不能成为企业长久的独特的优势。企业无形资产，例如企业并购后的外部关系的协同同样决定着企业利益攸关者的利益，也会对企业的发展产生重大的影响。因而，并购方的隐形资产协同也是企业获得独特优势的来源。

第二章

国企民企资源整合
与创新的逻辑构建

　　纵观当前中国经济发展全局，产能过剩的形势依旧严峻，经济转型与升级依然任重道远。随着中国经济发展进入新常态，增强创新能力已经成为党中央、国务院和社会各界的共识，党中央明确提出要将创新摆在国家发展全局的核心位置，强调坚持走中国特色自主创新道路、实施创新驱动发展战略，并将"创新发展"列为中国"十三五"时期的五大新发展理念之首。企业作为创新驱动发展战略的主体，既承担着技术自主开发和商业化运营的重任，同时还肩负着技术追赶主体的责任。其中，国企与民企因具有独一无二的先天优势、不可复制的强大特点和与生俱来的中国标签，责无旁贷地成为中国创新驱动发展的微观主角，其资源整合与创新发展成为化解发展难题、实现逆境突围、助力经济腾飞、巩固国际地位的关键，其创新水平直接影响着中国经济社会发展的进程。

第一节　中国供给侧改革的基本逻辑

一、中国供给侧改革的理论逻辑

就供给侧改革发展逻辑来看，其理论依据可追溯至西方供给学派。18 世纪末 19 世纪初，英国经济学家、历史学家詹姆斯·穆勒提出"萨伊定律"，他认为供给会自动创造需求，在完全竞争市场条件下，商品和劳务供给能生产出自己的需求，不会发生严重购买力不足的问题，即不会有生产过剩的经济危机存在。

但不难看出，认为"供给自动创造需求"的萨伊定律只是一个理想的经济运行机制，这个过程并不会像永动机似的不断自发实现。因为生产相对过剩、总需求不足、供给老化、供给约束和供给抑制等诸多原因，随时可能中断其运行；一旦上述原因造成"供给不能自动创造自身等量的需求"，整个宏观经济的均衡状态就会被打破，经济增速就会放缓，甚至出现下行。

据此，21 世纪初在中国形成了一种基于中国改革实践为基础，从供给侧出发持续推动改革的理论——新供给经济学。它将供给周期分为循环着的四个阶段，分别为新供给形成→供给扩大→供给成熟→供给衰退。在供给周期的第一、第二阶段，即形成与扩张阶段，一方面供给可以自动形成需求，另一方面资本、劳动、资源以及销售产品而产生的销售收入等要素报酬，一部分形成消费，一部分形成投资，不断由供给带来需求。然而，当一种技术或供给已经不存在壁垒，供给在市场中不断扩大并普及到一定程度时，供给周期会进入第三个供给成熟阶段，并迅速发展到第四个供给衰退阶段，此时将表现出来产量与产能过剩，市场供给饱和，资本边际效益递减，甚至投入的生产要素难以收回，供给自动形成需求的链条断裂等问题。供给创造需求状态一旦失衡，只有通过"更新供给结构、引导新供给创造新需求"才能恢复"供给自动创造需求"的理想经济运行机制，通过"放松供给约束、解除供给抑制"等经济改革措施，整个经济的潜在增长率才能得以不断提升。

二、中国供给侧改革的现实逻辑

基于理论指导与实践摸索的结合，中国供给侧改革可视为一条经历几十年计划经济和近 20 年总需求管理之后，立足于中国国情、基于现阶段经济发展特点，针对经济下行压力、依靠优化供给结构、提高供给效率所提出的经济发展路径，其旨在"放松供给约束、解除供给抑制"，刺激新的"熊彼特增长"，并通过深化制度改革，重启"斯密增长"，延续"库兹涅茨增长模式"，让创造财富的资源充分、有效地涌动起来，恢复经济增长活力，如图 2-1 所示。

抗击市场环境冲击 　　化解产能过剩压力

应对要素投入变化 　　加快创新驱动转变

图 2-1 中国供给侧改革的现实逻辑

第一，通过供给侧改革，抗击市场环境冲击。新常态背景下，国内及国际市场环境均发生了巨大变化，突出表现为国内供求结构发生改变、国际市场趋于收缩。从国内市场来看，中国经济之所以可以保持平稳增长，国内市场消费发挥了重要作用。2019 年，消费持续作为国民经济增长的第一驱动力，最终消费支出对经济增长的贡献率达到57.8%[1]。我国已进入消费率由低转高、消费需求发生结构性变化、消费对经济增长拉动作用不断提高的重要时期，并体现出几大特点：商品消费从有到好，品质格调不断升级；消费模式从温饱到小康，转向追求个性多样；消费趋势从传统衣食住行到新兴领域，引领各行业蓬勃发展；城乡居民消费支出差距不断缩小，农村居民人均生活消费支出增速快于城镇，截至 2020 年第二季度，城乡消费支出比已缩减至 2.01 倍[2]，农村消费升级潜力巨大。但与此同时，国内市场供给却跟不上消费转型升级变化，消费旺盛而供给不足的结构性矛盾也不断凸显。国内消费转向国外消费，电器、厨具、化妆品、母婴用品，甚至马桶盖等卫浴产品也成为抢购焦点，令"海淘"成为一大热词。据统计，2018 年，中国大陆游客的境外消费总额再创新高，达 2773 亿美元，同比增长 7.5%，2019 年略有下降，仍可达 2546 亿美元[3]，稳居世界首位。新常态经济下，品质化、个性化、多样化消费倾向成为主流，国内原有旧式生产模式难以为继，有限资源未得到有效配置，造成国内市场旧供给过剩与新

---

① 国家统计局网站. 国民经济核算（2019）［Z］. https：//data. stats. gov. cn/easyquery. htm？cn = C01.

② 国家统计局网站. 居民消费水平（2020）［Z］. https：//data. stats. gov. cn/easyquery. htm？cn = B01.

③ World Tourism Organization（UNWTO）［Z］. https：//www. unwto. org/country – profile – outbound – tourism.

需求稀缺的不匹配局面。从国际市场来看，自由贸易与保护主义交织并存，不断博弈。2008 年，美国次贷危机席卷全球，各国贸易保护主义倾向不断加强，中国作为成品与半成品主要出口国受阻于关税壁垒。面对国内外经济环境的动态变化，中国经济唯有通过供给侧结构性改革，根据市场变化合理配置资源，优化结构，提高效率，才能对抗内外部市场环境冲击，满足不同市场需求。

第二，通过供给侧改革，化解产能过剩压力。在生产力欠发达时期，社会处于经济条件短缺情况下，不仅社会财富不足、消费能力低，并且物质产品也相对匮乏，整个社会处于供小于求的低速发展状态。改革开放以来，技术进步与生产力不断提高、工业化与市场化不断发展，中国经济依靠需求侧管理缓解了经济发展中的周期性波动，减缓了全球金融危机带来的经济下行压力，并维持了经济两位数的高速增长。但由于长期的粗放型经济增长方式、价格机制扭曲、市场退出机制障碍、信息不对称、国内消费没有相应增速、国外需求萎靡等一系列原因，导致部分行业产能过剩并出现结构性失衡的状况。随着中国进入"三期叠加"的新阶段，生产成本不断上升、产品供需错配、资本边际效率下降、市场机制运行不畅等结构性问题要求我国必须推进"去产能、去库存、去杠杆、降成本、补短板"的供给侧结构性改革，以实现供给与需求再平衡。

第三，通过供给侧改革，应对要素投入变化。在传统生产阶段，劳动作为主要生产要素，甚至可以决定最大生产可能性边界。中国作为人口大国，凭借人口红利，依靠简单要素投入，吸引外资承接低端制造加工环节，迅速形成规模经济，在短短几十年时间里成为全球第二大经济体，第一大货物贸易国。然而在现阶段，"用工荒""涨薪潮"在劳动力市场频频出现。作为明显征兆，中国正面临人口红利逐渐消失、工资成本优势逐步减退，甚至外资加工企业纷纷迁移的严酷问题。但综观世界，没有一个国家因为廉价人口红利而成为发达国家。过分依赖粗放的、低水平的、劳动力密集的经济增长方式，只会使整个社会失去创造和创新能力，陷入不可持续发展。这个意义上，人口红利的消失和劳动投入的弱化不啻为一种"倒逼"，催生供给侧改革，转变投资驱动模式，推进结构优化和产业升级，提高资源利用率和产品附加值，以提升适应变化做出调整的能力。

第四，通过供给侧改革，加快创新驱动转变。"凯恩斯主义"主张刺激消费，通过国家投资拉动经济增长，但西方世界在短暂繁荣后，随之陷入"滞胀"局面。中国也曾在很长一段时间里将出口、投资、消费"三驾马车"作为经济发展的根本动力，在增加出口和扩大内需上做文章，注重投资对经济的拉动作用，同时运用财政政策及货币政策刺激消费。虽然在短时间内显现出效果，但面对现阶段经济运行效率降低，经济下行压力加大，甚至资源耗竭与环境破坏的现实状况，需求侧管理已难以为继。就中国的发展，既要关注眼前的稳定经济增长，也要着眼长远的发展规划。投资、消费、出口并不是财富源泉，只是财富获得与实现的条件，而真正的财富应该是人口和劳动、土地和资源、资本和金融、技术和创新、制度和管理。"硬财富"是稀缺的，随着对其的耗费，终有一天会枯竭。但善用人类活动与人类思维这种无尽的"软财富"和"软价值"——创新，不但能够增加"硬财富"附加值，还可以刺激新供给创造新需求，为改善供给结构提供根本出路。比如，苹果手机在面世之前，市场对智能手机并不存在需求，只有过剩的、性能相似的手机瓜分着有限市场，但苹果手机一经面世，新供给出现，新需求也被创造出来。可见，新供给创造新需求，在微观上可以恢复市场均衡，在宏观上亦然。通过高效的制度供给与优化市场机制，激发微观主体的活力与创造力，引导技术创新与产业升级，推动创新创业和创造产能，使老旧产业的过剩产能自然消退，市场中的资源、资本、劳动等要素向新供给集中，整个经济不但恢复均衡，还可以重启经济增长新周期，最终实现牢基础、利长远的经济可持续发展。

第二节　创新是实现供给侧改革的根本途径

经历了几十年的改革开放与经济高速增长，经受住了多次金融与经济危机考验，中国经济正面临着停滞不前与稳步增长十字路口的抉择。传统的过于依赖要素投入的粗放型增长模式难以为继，边际消费倾向递减、边际投资效应递减使经济发展动力缺失。此时供给侧结构性改革的提出，究其目的就是要实现经济结构调整、产业结构升级、发展方式转型，寻求经济可持续增长、社会全面化发展的新动力。在资源有限的前提下，提升"全要素生产率"，提高经济效率，实现集约化生产模式，其破题之举只能是创新。

一、创新是推动结构调整的关键变量

"创新理论"鼻祖约瑟夫·熊彼特认为，"创新"就是把现成的技术革新引入经济组织，形成新的经济能力。从中国供给侧改革分析，劳动力、资本、自然资源、技术、制度，是决定中国经济增长的主要因素。其中的劳动力、资本、自然资源，以有形的要素形式不断投入，增加到一定程度均会出现边际收益递减的趋势，传统动能走向S形曲线的天花板。而此时通过创新，推动无形的技术进步和制度变革，提高全要素生产率，使 S 形曲线向右移动（如图 2 - 2 所示），实现投资收益递增，为经济增长带来更持久的新动能。

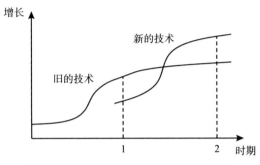

图 2 - 2　新旧技术的"S 形曲线"图示

　　从供需结构上看，创新是克服不平衡的有效手段。面对中国经济新常态，我国意识到旧有传统经济发展方式的诸多弊端，曾经尝试采用改变强刺激而适度扩大总需求的方式减缓经济下行压力，但收效甚微。就 2016 年数据来看，除整体投资放慢、出口仍然低迷，国内消费总需求仍然"疲弱"。但究其根本，反映出的是经济供需结构不匹配的深层次矛盾，其背后实质是有效供给能力不足和经济结构调整滞后等问题。而供给侧结构性改革正是要实现经济结构调整，发展方式转变，改变只在低端商品市场过剩供给徘徊的现状，一方面为消费者生产质量过硬、安全可靠、个性鲜明的商品，提供主动热情、优质高效、准确快捷的服务；另一方面依赖技术创新提供中高端市场的新供给，从而构成以创新作为关键变量，带动和形成新供给，新供给刺激和创造新需求，最终实现总需求扩大的传导链条，从根本上化解经济供需结构不匹配的问题。

　　从产业结构优化升级角度上看，创新为其奠定了坚实的基础。中国是典型的农业大国，加之自新中国成立以来大力发展第二产业，在很长一段时间里，国民经济总量增长主要依靠第一、第二产业带动。改革开放以来，三次产业结构已经得到明显改善，但一产不稳、二产不强、三产不足的问题仍没有从根本上得到解决。在促进产业结构优化升级的过程中，仍然离不开创新的决定性作用。对于第一产业的农业而言，可以通过加大有针对性的农业技术创新力度，提升现代化水平，提高农业集约化程度；通过完善农村基本经营制度创新，促进土地有序流转，明确土地所有权和经营权，激活农民生产活力；通过完善农业社会化服务体系创新，提升社会化程度。对第二产业的制造业而言，使劳动密集型、资源密集型向技术密集型、资源集约型转变，从价值链低端向中高端迈进，最直接、根本的手段就是实现技术创新、产品创新、商业模式创新、品牌创新。对第三产业的服务业而言，可以通过创新服务生产、服务营销、服务销售、服务售后等各个环节，进一步优化内部结构，使其向专业化、精细化、品质化的价值链高端延伸。

二、创新是引领发展的第一动力

习近平总书记在党的十九大中明确提出"创新是引领发展的第一动力，是建设现代化经济体系的战略支撑"①。"创新始终是一个国家、一个民族发展的重要力量，也始终是推动人类社会进步的重要力量"②，

---

① 人民网．习近平在中国共产党第十九次全国代表大会上的报告［Z］. https：//cpc. people. com. cn/nl/2017/1028/c64094 - 29613660 - 8，html.

② 新华网．习近平：为建设世界科技强国而奋斗——在全国科技创新大会、两院院士大会、中国科协、第九次全国代表大会上的讲话［Z］. https：//xinhuanet. com//politics/2016 - 05/31/c_1118965169. html.

必须不断推进理论创新、制度创新、科技创新、文化创新，将其摆在全局发展的核心位置，"贯穿党和国家一切工作，让创新在全社会蔚然成风"①。由此可见，中国现阶段所提出的创新发展理念，内涵更加深入，已不仅仅停留在物的层面，已延伸至思想、技术、制度等角度，涵盖了作为先导的理论创新、基础的科技创新、保障的制度创新、手段的管理创新和根本的文化创新等方面；其外延也更加广泛，延伸并囊括了经济、政治、社会、文化和生态领域。诚然，新时期提出的创新发展已形成了一个全社会相互联系、相互影响、相辅相成、系统全面的发展方略。

从宏观上理解，创新是引领发展的根本动力。第一，创新是决定社会发展的根本原因。马克思在《资本论》中提到："必须变革劳动过程的技术条件和社会条件，从而变革生产方式本身，以提高劳动生产力，通过提高劳动生产力来降低劳动力的价值，从而缩短再生产劳动力价值所必要的工作日部分。"② 根据时代变化、世界发展和中国实际，中国共产党和国家领导人也在不同时期对创新的内涵做出深入探讨和诠释。邓小平同志说："马克思讲过科学技术是生产力……现在看来这样说可能不够，恐怕是第一生产力"③。2015 年 3 月，习近平同志在参加第十二届全国人大三次会议上海代表团审议时首次提出"创新是引领发展的第一动力"④，将创新在生产力结构排序引入现实的经济发展系统中，

---

① 人民网. 十八届五中全会提出新的发展目标　创新摆在核心位置 [Z]. https：//politics. people. com. cn/n/2015/1031/c1001 - 27760462，html.

② 马克思. 资本论（第一卷）[M]. 北京：人民出版社，1975（10）：366.

③ 求是网.《邓小平文选（第三卷）》—科学技术是第一生产力 [Z]. https：//www. qs-theory. cn/books/2019 - 07/31/c_1119485398_90. htm.

④ 新华网. 习近平的两会时间（四）："创新是引领发展的第一动力" [Z]. https：//xin-huanet. com//politics/2015_03/06/c_1114549235. htm.

使理论上的"第一生产力"成为现实中的"第一动力"。由此，创新使绝对性的"发展极限论"观点得到突破，以供给或需求拉动经济发展的路径得到更新，将人类社会经济发展的生产、分配、交换、消费"四环节"丰富为"五环节"，决定着生产力、生产关系、生产方式，以及整个社会发展系统的运转。

第二，创新是破解发展难题的现实抉择。近年来，中国经济飞速发展，社会和谐稳定，取得的成就有目共睹，但同时仍面临国际发展竞争日趋激烈、"三驾马车"拉动经济模式慢慢淡化、传统粗放型发展模式不可持续、低端制造业竞争力减弱、诸多矛盾叠加、风险隐患增多的严峻挑战。在中国"速度换挡、结构调整、动力转换"的"三节点"关键时期，只有坚持创新驱动发展，才有机会摆脱要素投入推动经济增长的路径依赖；才能变"制造大国"为"创造大国"，成为经济强国；才能带领人民跨越"中等收入陷阱"，实现全民富裕；才能自如应对"经济新常态"带来的各种挑战，实现经济与社会的全面、健康、持续发展。中国现阶段比任何时候都需要推动全面创新，实现创新驱动，化解难题，重回高速发展轨道。

第三，创新发展是实现民族复兴的必然选择。回顾历史，因循守旧只能故步自封，创新与变革才能突破瓶颈、扭转局面、决定兴衰成败。世界上经济发达国家，无不是经历数次科技革命，创造了前所未有的巨大生产力，提高了劳动生产率，才推动了经济的迅猛发展。战后西方国家，通过三次技术革命的机遇，成为后来者难以企及的世界大国和强国；日本面对"二战"后国家重建的任务，通过技术创新与科技进步很快实现了产业结构合理化、经济增长集约化转变；东亚的韩国、新加坡，因其长期高素质人力资本投入和持续科技创新，表现出与区域内其他国家不同的发展轨迹。聚焦当下，欧美等发达国家和地区抓紧推行

"再工业化"，美国商务部发布《美国竞争力和创新能力》报告、德国向联邦政府提交了《未来项目工业 4.0 落实建议》，中国也已推出"中国制造 2025"规划，倡导"大众创业、万众创新"，通过改革和创新，并汲取"羊群效应"经验，在"自然界的丛林法则"中，"不再津津乐道于后发制人，而是更多发挥先发优势的引领"，让创新驱动发展实现民族复兴，形成不受制于他人的能力。

第四，创新是拉动经济增长的强大动力与恒久之源。在经济学研究中，内生经济增长可以视为与创新驱动内涵一致的两个概念。内生增长理论认为，内生技术进步能够实现经济持续增长，换言之可以理解为创新是经济增长的持续源泉。正如美籍奥地利经济学家熊彼特所言，资本主义经济增长的根本动力是"创新"，没有"创新"，资本主义的发展将无从谈起。"创新能力几乎决定着一个国家的未来"，但"在创新都可以被轻易模仿的现今社会，想保持经济领先的地位，就要不断地创新，并加大对新产品研发、新技术探索、教育和科研的不断投入"。诺贝尔经济学奖获得者托马斯·萨金特，也曾在 2012 年 5 月 18 日表示，在美国，劳工或者资本并不是人均生产总值增长的来源，创新才是驱动美国经济的动力。面对中国现有经济形势，必须摆脱简单的复制与模仿，认识"创造力"对提高生产力的非凡作用，才是寻求发展的有效途径。

在微观或企业的层面，创新是保证其健康持续发展的内生动力。在经济学意义上做研究，微观或企业层面的创新应当从全面提升企业在竞争力、保证企业健康持续发展的角度来理解和认识，更具实践性、可操作性以及参考价值。新阶段新形势下，企业想获得新的竞争优势，特别是核心竞争优势，摆脱低收益深陷恶性竞争局面，创新是动力源泉，是必由之路，除此别无他途。过去，中国企业过于重视短期收益而忽略了长远发展，在技术状态相同的情形下，利用资源优势、要素优势，依靠低成本、低价格在国际市场上暂时性获得了竞争优势。但随着国内土地、矿产等资源约束不断显现，劳动力等要素价格不断上升，生态环境污染不断恶化，其他发展中国家相继崛起占领同质市场，中国企业成本优势越来越微弱、收益越来越微薄、竞争越来越激烈、道路越走越狭窄，发展变得举步维艰。从近几年实践经验来看，创新与否，对企业影响十分明显。在企业生存与发展过程中，拼成本、拼价格、搞"底线竞争"的企业，或无暇，抑或无力搞创新、创品牌，往往陷入恶性循环，最终穷途末路以致破产倒闭；凡重技术、树品牌、创独特竞争优势的企业，均保持平稳的经营状况，收益可观。

第三节　国企民企资源整合是实现创新发展的重要途径

一、国企民企是实现创新发展的微观主角

关于创新主体的说法众多，有企业、政府及科研机构，但相较于其他两种，企业具有绝对的能动性，它追求以最小投入获取最大产出，将土地、劳动力、资本、管理及技术等资源有机结合起来，灵活地打通市场、技术、资本三个环节，根据需求自行优化结构，实现创新，提升效率。企业是一个泛指的概念，在国有企业、民营企业及外资、合资企业中究竟哪类企业应该承担起中国技术创新主体培育的主要作用是政策机制设计首先应该回答的问题。

（一）国企是创新发展责无旁贷的主力军

国有经济在我国国民经济中起主导作用，国有企业因具有五大独特优势，决定其必然居于创新驱动发展的龙头地位，成为创新驱动发展战略责无旁贷的主力军。第一，载人航天、核电、通信、勘探、高铁等高精尖和关键领域的发展既体现一个国家的科技创新能力，也是维护国家安全、发展国民经济的命脉所在，并因其投入巨大，一般性质企业无法主导，因此这些领域的企业大多为国企。近年来，这些领域的国有企业肩负重任，攻坚克难，其综合实力在各个领域均迈进国际先进行列，部分已站在世界巅峰，完全肩负起了高精尖和关键领域的创新突破责任，充分体现了其作为国家创新驱动主力军和主导地位。第二，国有企业通常拥有专门的新技术新产品试验单位、设备齐全的研发机构、实力较强的科研人员、雄厚有保障的资金投入、先进领先的技术专利，研发实力普遍雄厚。第三，市场导向型国有企业，往往研发成果应用能力强，研发与应用相统一，同行业竞争与市场需求是其创新研发的主要动力。其从设计、实验、定型、生产、营销到售后服务整个周期，均有完备的保障队伍做支持。第四，许多国有企业具有海外投资经验，拥有较强的国际化经营能力，熟悉国际规则，相当一部分国有企业在海外设有分支机构，具有国家推进开放式创新、实施"走出去"战略的有利条件。第五，国有企业牵头建立创新战略联盟，参与新兴产业创业投资基金、国有资本创业投资基金的设立，构建创业创新孵化平台等行为，能够有效带动整个社会创业创新。由此可见，国有企业必将在创新发展的队伍中肩负使命、发挥优势、带动全局。

（二）民企是创新发展不可或缺的生力军

民营企业与市场天然融合，既具有市场竞争充分和产权结构清晰的特点，也具备资源配置优化能力强和创新效率高的特征，是创新驱动发展战略不可或缺的一支生力军。第一，因民营企业性质，一直被视为市场经济的产儿和宠儿，与市场环境具有天然适应度。不仅在"体质""气质"上相融合，在"灵魂""精髓"上也相契合。中国实施创新驱动发展战略是在充分竞争的市场经济大环境下开展的，民营企业因其得天独厚的先天特征，以获得市场超额利润、追求资本收益最大化、实现资本增值为目的，其适应市场、追求创新就成为一种天然性的必然行为。第二，因民营企业的组织结构和决策程序，其一直被认为是具有活力和效率的企业形式。在中国，民营企业多为自负盈亏的家族式企业，出资与经营由一人承担；规模小，组织结构简单，机制灵活。但利弊并存，这种企业形式的优势也很明显，企业内部沟通便利，信息交换通畅，决策实施直接，成效反馈迅速，即民营企业可以根据市场环境变化第一时间做出相应决策，有利时改进生产方式、推出新产品，不利时随时撤出，减少不必要投入和损失。第三，民营企业利于营造创新氛围。民营企业因其产权性质和企业家精神，领导层不仅在企业内部关注创新活动，也会参与和支持产品及技术创新，形成自上而下、全员参与的创新氛围。第四，民营企业已具备了相当实力。民营企业的成长道路是曲折艰难的，从拾遗补漏的夹缝生存到快速成长，现已然成为国内外市场中拥有相当实力的企业大军。

二、国企民企资源整合促进创新水平高质量提升

资源整合是一个复杂的概念，是企业将不同类型资源进行识别、获取、配置和利用，使之具有较强柔性、条理性、系统性和价值性，并创造出新资源的一个动态过程。

（一）国企民企资源整合能提升创新质量

资源作为投入具体生产经营活动中的要素，其本身并不具备任何效率，也不能自发地产生任何经济价值。企业作为一个媒介，一个资源集合体，将一系列资源束协同、融合、非累加地组合起来，使其有目的地进行高效整合和有效利用，最终产生经济价值。而企业间的资源整合，特别是国企民企取其优势实现资源整合，可以提高资源利用水平，提高整合资源价值，从而促进创新质量的提升。首先，国企民企未整合前的资源，往往是独立的、固化的，通过分析、整理、选择并重新整合，能够实现合理有效配置，充分挖掘闲置资源潜力，发挥国企民企资源"1+1＞2"的价值放大效应；其次，源于资源不能自发产生经济价值的特性，通过国企民企具体经济活动，能够实现有机融合，充分激发资源活力，向价值创造流动；最后，"软资源"诸如信息、知识、教育资源具有"消"而不"费"的特性，不仅使用价值不会枯竭与磨损，其价值反而会在反复使用、交换、整合中产生新资源，创造新价值。

（二）国企民企资源整合能提升创新效率

"软资源"，如信息、技术、文化等，是建立在个人经验基础上，能对组织产生直接或间接影响，难以用文字、语言、图像等形式表达，

也难以被模仿的非物质形态稀缺性经济要素。"软资源"的有机整合和充分激活，可使物质资源、自然资源等"硬资源"效率与效能得到提升，实现创造或创新，在此过程中"软资源"不但自身可得到不断更新，同时"硬资源"亦可被更加合理地配置与应用，如此螺旋上升、循环往复。因此，资源整合能够促生国企民企的稀缺资源，使创新效率不断提高。

（三）国企民企资源整合能提高创新效果

资源无法实现自身价值的创造，整合也不是做简单的加减运算，资源整合是一个离不开其他资源的参与，在特定环境下通过复杂作用，实现原有资源价值成倍增长的创造过程。国企民企通过对企业内部资源与外部资源、横向资源与纵向资源、个体资源与组织资源、传统资源与新资源等实施有效整合，使资源要素互相联系、互相作用，构成复杂广泛的交织网，并形成能够创造核心价值的战略资源，建立模仿壁垒，提高企业竞争力，使企业竞争对手模仿变得更加困难。从实践的观点来看，拥有大量资源或斥巨资进行新资源开发、推动创新的企业，往往竞争优势、创新效果并不明显或不可持续。而善于消化吸收理论知识，对已掌握知识进行再创造并能够在一定区域内整合优势资源进行创新的企业，恰恰拥有优势竞争力、适应性较强，可以从众多竞争对手中脱颖而出。因此，通过获取、整合资源，国企民企能够在思路上创新，打破常规，改变原有不适应发展的陈旧的知识、技术及经验，形成新竞争战略、新产品、新竞争力，以此提高创新效果。

第三章

国企民企资源的分类与识别

第一节　企业资源分类理论研究综述

当前国内外对"企业资源"定义尚未确认统一性意见，如沃纳菲尔特（Wernerfelt，1984）最早将企业资源定义成为企业创造竞争优势或者对企业造成劣势影响的一切事物，在所有定义中是最为广泛的。巴尼（Barney，1991）的定义为所有对企业产生有益影响的事物，为一个企业创造收益、提高竞争力或扩大竞争优势的资源才是企业资源。而罗伯特·莫里斯·格兰特（Robert Morris Grant，1991）、拉斐尔·阿密特（Raphael Amit，1993）、保罗·J. H. 休梅克（Paul J. H. Schoemaker，1993）、戴维·J. 科利斯（David J. Collis，1995）和辛西娅·A. 蒙哥马利（Cynthia A. Montgome，1995）从狭义的分类定义出发，对企业资源进行定义的时候还附加了与之相对应"能力"的定义；在此之上，格兰特将企业资源定义为企业生产经营过程的投入物，企业资源本身并不存在生产价值，创造价值需要通过组织协调的"能力"；阿密特和休梅克将企业资源定义为企业可以有效控制的、对企业产生有利影响的存量因素；戴维·J. 科利斯和辛西娅·A. 蒙哥马利认为企业掌握的所有资本与能力即是企业的资源。

综上所述，学术界主要分歧点集中在以下几点：第一，是否包含对企业带来不利的资源；第二，是否包含组织协调利用资源的能力。之后又出现许多国内外专家学者的企业分类资源理论，但各自出发点的不同导致企业资源分类缺乏统一的理论。目前较有影响力的企业资源分类理论如图 3 – 1 所示。

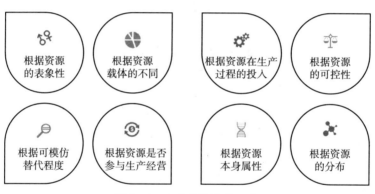

图 3 – 1 企业资源分类理论

一、根据资源的表象性提出的资源分类理论

沃纳菲尔特于 1984 年将企业资源分类成有形资源与无形资源。有形资源主要是指财产资源和实体资源，如土地、设备、机器、存货、股票、现金等，它们是企业进行一系列生产经营活动的基础，无法被消费所获取，但可以用会计的方式来衡量其价值，是具有实物形态的"硬

件"，其风险主要来自灾害、损耗或一些意外事故。无形资源主要有专利、商标、信息、技术、品牌、管理、特许经营权和著作权等，是不具有实物形态的"软件"。与有形资源相比，无形资源不具备明显的物质特性，难以被定义和估价，复制难度大、开发成本高、起因不确定性强，所以它们容易形成企业独一无二的资源，为企业创造无可比拟的竞争优势。而有形资源因为容易被模仿容易被他人取代，其竞争力优势的持续性亦较为短暂。

传统的资源观往往只重视外部市场竞争环境（如行业竞争环境与地位）对企业战略的作用，而沃纳菲尔特的资源分类理论一方面率先开创关注企业内部各类不同资源的作用的先河，促进了企业对内部资源尤其是无形资源的关注与重视。在经济全球化的时代，一个公司的品牌、文化、技术等无形资源更是成为其在全球化竞争中脱颖而出的核心资源，对企业形成稳定长期的竞争优势的意义重大。另一方面，沃纳菲尔特认为无论带来有益或是无益影响的企业资产都是企业资源，并不注重资源的价值体现，反而认为资源应是一把"双刃剑"，单纯将所有资源定义为对企业有益是不现实的、不理想的，有利于帮助企业认清资源的复杂性与多变性，在资源角度上发展企业发展战略，更好分清有形资源与无形资源对企业的不同作用。

但由于其资源分类理论是建立在企业资源是一种相对固定的，能给企业带来任何优势或劣势的东西的定义上，即资源是限定在企业内部的，在一定程度上又完全从外部资源走向内部资源的极端，忽略了存在于企业外部的资源，如市场资源的供应链、市场结构、与消费者的关系等对企业发展的重要意义。

二、根据资源载体的不同提出资源分类理论

不同于沃纳菲尔特，巴尼认为企业资源是企业里那些物质、人力、组织中能够提供企业高效益的事物，即资源是对企业有战略意义的各类资产。他认为只有能为一个企业创造收益、提高竞争力或扩大竞争优势的资源才是企业资源，并提出了 VRIN 标准——V 代表 valuable，有价值的资源，资源能否为企业的发展、生产经营带来效益；R 代表 rare，稀缺的资源，资源是否稀缺，不受大部分企业掌握，为企业带来竞争优势；I 代表 imperfectly imitable，无法模仿的资源，资源是否具有三种特点：社会复杂性、历史条件独特性、起因模糊性；N 代表 non-substitut-able，难以取代的资源，资源既难以被复制又难以被替代。在此基础上，将企业资源分为物质资源、人力资源、组织资源。物质资源包含企业所用的工具设备、生产设施、物质技术、地理环境和生产材料等。人力资源包含所有管理人员与非管理人员的经验、判断、智力、关系、能力、眼光等。组织资源包含了企业的正式和非正式的报告结构、规划、规则和协调机制，以及企业内部群体、企业环境氛围、群体之间的关系。他认为，企业中如物质资源、人力资源和组织资源并非都与企业生产经营战略有关。

巴尼的资源分类理论注重价值体现，有利于帮助企业家更好地选择并区分战略资源，从而更好地服务于企业战略。但巴尼过分强调了"对企业有用是资源的必要条件"，忽略了资源对企业有用是有一定时间条件限制的，即当时对企业有用的资源，可能在一段时间后又会反而成为企业改革发展的绊脚石，特别是在如今变幻莫测的经济环境下。所以在巴尼的资源分类理论指导下，可能造成企业家执迷于"有用"而目光

短浅，只关注于短期眼前能够提高企业效益的资源，从而导致企业生产经营战略的决策失误。

与此同时，巴尼关于企业资源分类理论与沃纳菲尔特一样，都把资源局限于企业内部，而随着技术的快速发展，企业间的壁垒无形之中就开始瓦解，很多企业的外部资源变成企业的内部资源已不再成为难题，其内外资源的分界线也越来越模糊。如当前成立的很多公共服务中心，如创新技术服务中心、创客平台、创新联盟等，为创新企业提供技术、信息交流的通道，使内外资源的交流转换变得方便快捷。

三、根据资源在生产过程的投入提出的资源分类理论

不同于上述两位学者对资源的广义定义，罗伯特·莫里斯·格兰特认为，资源本身是没有生产价值的，资源与能力之间存在根本上的差异。企业在进行生产经营的活动中，需要通过能力来对资源进行各种组合和协调，才能使资源产生生产价值。格兰特将能力定义为一种把资源通过各种组织协调形式进行结合，用于执行生产经营活动的能力，同时把资源定义为生产过程中的投入物，如资本、设备、品牌、专利等，是生产的最基本单元。根据资源在生产过程中的投入，格兰特将企业资源划分成物质资源、财富资源、技术资源、组织资源、声望和人力资源六大类。这六类资源在生产过程中所发挥的作用各有不同，物质是生产硬件的基础，财富是资本条件的基础，技术是产品更新迭代的基础，组织是生产活动的结构保障，声望是产品销售的市场要素，人力是创造性的生产要素。

格兰特分类理论的意义在于资源定义的理论创新——第一次将资源与能力区别开来，并将资源与生产活动更紧密地联系在一起，建立了自

己独特的资源观。他认为，企业的资源与能力直接决定了企业能否形成竞争性优势、能否将这种竞争性优势延续下去、能否从竞争性优势里获取高回报。对于企业而言，好的发展战略就是能够充分利用与发挥好企业的资源和能力，并提出可持续竞争优势标准——DTTR 标准，D 指 durability，即可持续性；T 指 transparency，即透明度；T 指 transferability，即可流动性；R 指 replicability，即可复制性。一般而言，资源的可持续性越高，透明度、可流动性、可复制性越低，企业资源就越能促进形成可持续竞争优势。

虽然格兰特认为资源与能力是两种不同的理论观点，将资源视为能力之外的投入物，也未将能力纳入其资源分类理论中。但与此同时，格兰特在分析资源、能力与组织运行惯例的关系时又认为，企业管理协调资源的能力可以视为企业的无形资源，与其对资源的定义相矛盾，导致其无法对企业的资源和能力做出清晰界定。

四、根据资源的可控性提出的资源分类理论

拉斐尔·阿密特和保罗·J. H. 休梅克继承了格兰特关于资源与能力是两个不同概念的观点，但对于资源的定义并不相同，格兰特认为企业资源是企业生产投入因素，并未对因素进行定性限制。而阿密特和休梅克认为，资源是企业可控的有用的存量因素，这些存量要素可以通过生产、管理、激励、技术等系统转换为企业产品或服务。在此定义上，阿密特和休梅克根据资源的可控性，将其分为四类：知识资源、财产资源、物质资源与人力资本。

企业能力即一个企业可通过利用生产经营活动中组织、协调各种形式资源，从而满足企业要求，达到完成生产任务的能力。企业能力与信

息、企业组织结构间的共同影响及生产经营过程密切相关。从抽象意义上，企业能力也可视为企业生产的中间产品，主要用来提高资源生产率、战略价值与产品保护（含服务）。不同于资源，企业能力建构主要依靠于人力资本的发展、执行、信息交流。就阿密特和休梅克看来，资源无论从企业内部或外部都能获得。但企业能力作为企业的基本属性，只能够存在于企业生产经营过程、组织协调当中，无法轻易被转移到其他企业的生产经营中去，除非改变企业的所有权。因此，只有在企业内部才能培育企业能力。

阿密特和休梅克的企业资源分类虽然与格兰特有所相似，但阿密特和休梅克的理论更注重企业对资源的可控性与转换性，所以其理论的资源分类（知识资源、财产资源、物质资源与人力资本）都是可控制在企业内部并可以在市场上进行流通的，而格兰特的资源分类更加关注于资源对可持续竞争优势的作用。然而阿密特和休梅克的理论在一定程度上也模糊了资源与能力的区分，如知识资源作为重要的战略资源，也可转化为企业生产经营过程实现任务目标所投入的能力，因而知识在阿密特和休梅克的理论中既属于资源又属于能力。

五、根据资源可模仿替代的程度提出的资源分类理论

米勒和沙姆希（Miller & Shamsie，1996）提出将企业资源划分为知识资源与产权资源。米勒和沙姆希沿袭了巴尼的资源观，认为只有不能完全模仿取代、帮助保持企业核心竞争优势的才能称为资源。所以他们根据资源被模仿取代的难易程度，将企业资源分类为产权资源与知识资源。

产权资源是指可以通过法律进行保护的各种有形或无形的资产，例如技术专利、契约、合约等。产权资源又可进一步分为零散产权资源与系统产权资源。零散产权资源表现为某项特许经营权、技术专利、契约等。这些资源的共同特征是都严格地受到法律的保护，保障这些资源的专属权。在稳定与可预测的情况下，这些零散产权资源是企业最宝贵的资源。但如果在动荡的环境下，法律保护岌岌可危，这些产权资源很容易遭受变成废弃物的风险。系统产权资源表现为企业间相互交织的物质设施与装备的整合网络。这些物质设施与装备是很容易模仿的，所以它们的价值更多体现在它们与企业大系统的整合、链接、协同。因此在系统产权资源上，经理们并不致力于个别物质设施与装备的增加或绑定，而是致力于提高已存在系统的全面性和综合性。也就是说，资源不是用来增加已有资产，而是加强企业系统能力。与零散知识产权资源一样，系统产权资源在可预测的稳定环境比在不稳定的环境下更有价值。

知识资源是指为使其他企业无法仿制生产经营过程或技术专利而建立各种形式的知识壁垒，如组织、管理、营销、技术、文化等各类知识技能。知识资源又可进一步分为：零散知识资源与系统知识资源。零散知识资源表现为某项创新技能或具体技术。创新技能在动荡多变的环境非常有用，能够应用到不同的产出与环境。而在稳定可预测的环境中，企业也同样能受益于这些零散的知识资源，但远不如像零散知识资源应用中的有效、稳定。系统知识资源具体指团队作业的整合协调技能，它不是单个人所能拥有的技能，而是依赖于团队的相互协作，能够帮助很多企业形成竞争性优势。而这种团队的特质与协调技能使得企业相对竞争对手更具价值。在这种情况下，卓越的领导者也难以被竞争对手挖走，因为这些卓越的领导者依赖于特定企业的基础设施、历史、集体经验。更重要的是，不同于物质资产，知识资源不会随着不断应用和实践而退化，反而会越来越增值。

总体而言，产权资源与知识资源的主要区别在于前者靠知识壁垒保护竞争优势，在稳定的市场环境下能发挥更大作用。在市场环境较为动荡的情况下，市场情况瞬息万变，只有充分调动知识概念技能，依靠知识创新才能立于不败之地。在稳定的市场环境下，产权资源能更好地受到法律的保护与执行，保护企业的专属权利，不被其竞争对手模仿，这样企业便控制了这种资源，并因此获得竞争优势。

米勒和沙姆希的资源理论有利于企业保持竞争优势，但该研究局限于是否可被模仿代替，忽略了如今世界经济全球化发展的形势、自身生产经营的环境、市场的供需因素给企业造成的影响，却重点关注为企业带来效益的资源的开发、利用与提升，其资源分类定义过于片面。

六、根据资源是否参与生产经营提出的资源分类理论

林嵩、张帏和林强（2005）根据企业生产经营中资源所发挥的作用，分为要素资源与环境资源。要素资源即企业生产经营过程中能够直接发挥作用的资源，如人才资源、组织管理资源、场地资源、资本与技术资源。而环境资源表现为本身存在就能够为企业生产经营带来效益的、间接参与企业日常运营的资源，一般包括文化资源、信息资源、品牌资源、政策资源。

林嵩、张帏和林强的资源分类理论有别于格兰特的资源定义，他们将不参与生产投入的资源也划分一类，同时将"能力"也并入企业资源中，分类清晰、概括全面。虽然该分类方法有助于企业区分生产经营

中的战略资源，但对于企业生产经营以外的分类较为笼统，对企业发展过程中所需的资源体现不足。

七、根据资源本身属性提出的资源分类理论

戴维·J. 科利斯和辛西娅·A. 蒙哥马利在沃纳菲尔特的资源观理论的基础上，于 2008 年提出将企业资源分为有形资源、无形资源和组织能力三类。有形资源是指生产载体，如工厂等；无形资产是指企业的品牌，如市场口碑、企业文化等；组织能力主要指有效的生产管理。戴维·J. 科利斯和辛西娅·A. 蒙哥马利认为企业掌握的所有资本与能力即是企业的资源，而一个企业唯有培育或获取独有的能够保持竞争优势的资源，并运用组织能力将资源扩大从而实现战略目标，才能保证企业发展战略的成功。戴维·J. 科利斯和辛西娅·A. 蒙哥马利还指出，唯有在企业所处的产业环境中充分发挥资源的价值，与其他企业掌握的资源进行对比评价，才能分析出自身资源的优劣势，才能判断出哪些资源能够提高企业效益，哪些资源能够作为企业发展战略的根基。

该资源分类理论继承了广义的资源定义，在进一步分类的基础上，融合了沃纳菲尔特的分类理论与罗伯特·莫里斯·格兰特的资源与能力的不同定义。但与格兰特观点相同，戴维·J. 科利斯和辛西娅·A. 蒙哥马利都是基于能力的观点，注重能力在提高企业效益与竞争力的作用，以能力定义代替资源定义，造成企业资源与企业能力定义的混淆，理论表达不够清晰。

八、根据资源的分布提出的资源分类理论

企业资源一般采用狭义或广义的方式进行分类：狭义的界定是把资源和能力分开；而广义的界定则将能力当作企业资源之一。现代一些学者认为我们应以更加广泛的角度作为切入点来将企业资源分类，他们将企业资源视作所有能够提高企业竞争力、为企业带来效益的有形或无形的东西。而从广义的界定来说，根据企业资源的分布，一般表现为外部资源和内部资源。企业的外部资源可分为行业资源、产业资源、市场资源、政策资源、外部环境资源；而企业内部资源可分为人力资源、财物力资源、信息资源、技术资源、管理资源、可控市场资源。

虽然根据资源的分布对企业资源进行分类通俗易懂，但如今正面临全球化发展时代，多数公司可将产品分包至其他公司进行生产，甚至跨行业合作获得企业自身需要的资源，单纯以内外部区分企业资源已经不足以清晰判断哪些资源是企业战略的核心与根本。

综上所述，我们可以看出，当前企业资源分类观点大多建构在资源理论观基础上，聚焦怎样让企业保持可持续竞争优势，服务于企业战略发展，在一定程度上可帮助企业建构资源战略观，形成企业的核心竞争优势。但由于缺乏在创新视角下对资源的界定与分析，这些资源分类理论已滞后于时代的发展，难以满足创新发展与供给侧改革的需要。当前，企业创新是企业持续发展的源泉，是企业不断提高核心竞争力的基础，也是国家实行供给侧改革、实现创新发展的根本途径。企业的创新将直接影响到整个国家的创新发展与综合国力。于是，形成与创新相关程度为基准的企业资源分类理论，帮助企业有效培育创新资源，加强创新能力已成为当前社会迫在眉睫的重要议题。

第二节 以与创新相关程度为基准的
企业资源分类理论

现代创新理论鼻祖约瑟夫·熊彼特（Joseph Schumpeter, 1912）认为："创新"是资本主义发展的动力和源泉。缺乏"创新"，资本主义发展就如无源之水、无本之木。他认为创新是要"建立一种新的生产函数"。这个新的生产函数意味着将生产要素或生产条件的新组合引进生产体系中。由约瑟夫·熊彼特的观点可知，新生产要素与生产条件是创新的基石。根据不同生产要素的创新，约瑟夫·熊彼特提出了产品创新、技术创新、市场创新、资源配置创新、组织创新共五种创新类型。

产品创新是指出现了一种市场上从没有过的产品或新的产品属性。技术创新是指出现了一种市场上从没有过的技术方法，这种新的技术方法并不必然建立在已有的科学基础上。市场创新是指开发了一个崭新的市场，而这个市场可以是从前存在过但后面中断消失的市场。资源配置创新是由于新技术、新理念而出现的新的资源配置方式，如当前的互联网技术催生的网络零售业，大数据催生的共享经济业态。组织创新是指能够实现或打破垄断化地位、保持企业核心竞争力的新的组织形式。

在约瑟夫·熊彼特的创新理论基础上，学者们又根据时代发展与技术演进提出了不同的创新理论，如创新双螺旋、创新扩散理论、协同创新等。

创新双螺旋是指技术创新中的技术进步与应用创新进步。该理论认为，社会创新是由技术创新带来的技术进步与应用创新进步共同组成的，两者相辅相成，缺一不可，技术进步为应用创新进步提供基础，而应用创新进步又为技术进步扩散与进一步发展提供动力。只有当技术进步与应用创新进步两者充分融合时，才能催生出经济发展的新业态与新模式。

创新扩散理论更注重的是一种新观念、新事物被大众的接纳、传播、扩散，强调的是大众传播对创新的作用与影响。进入知识经济与全球化时代后，创新更加高度依赖于知识技术的更新升级与有效协作，学术界开始提出"创新 2.0"的概念。创新 2.0 概念简单来说就是在知识社会中，人人都可参与创新，即大众创新的时代。创新 2.0 时代的显著特征是，因大量公共创新服务平台的存在，创新不再是单独某个科研机构或某个企业的研发部门的特权，为大众创新打开了崭新的时代。与此同时，创新 2.0 更加注重创新的顶层设计与规划，如国家科技创新体系的规划、技术公共服务平台建设，不再想当然地认为有了技术创新，社会创新的效益将自然而来。

协同创新就是在创新 2.0 时代提出的创新模式，是指通过建立一定的创新机制模式，有效减少创新资源要素流通壁垒，从而实现人才、资本、信息、技术等创新资源要素的高效集聚与优化整合，促进非线性的合作创新。协同创新的关键是要形成有效的产、学、研链条体系，有效连接高校、企业研发机构、创客（技术、人才）、政府、金融机构、非营利组织（资本、服务）和市场（信息），推动其产生不同系统叠加的非线性效用协同创新。英特尔中国研究院院长吴甘沙认为，协同创新标志着大众创新时代的来临，其更加注重多元主体间的互动协作，而"互联网＋"新实践正是协同创新的生动示例。

综上所述，目前学术界认为与创新紧密关联的资源要素主要有产品、技术（含技术进步与技术应用）、市场、资源配置、组织、科技创新体系规划、平台建设、制度、人才、资本、信息等，总结起来有四大类——政治资源（如国家创新体系规划）、知识资源（如人才、技术、信息）、组织资源（资源配置、平台建设、制度流程）、市场资源（如产品、资本等）。因此，根据不同资源对创新的影响程度与作用，将企业资源依次分为：政治资源、知识资源、管理资源、市场资源，如图 3-2 所示。

政治资源		企业所拥有或可利用的有利于企业创新活动的政策、制度、财政、场地等政治支持。
知识资源		企业拥有的技术、技能、文化、思维模式等能给企业带来突破性的资源，包括隐性知识资源和显性知识资源。
管理资源		企业高效配置生产资源的能力，包括各种规章制度、组织机构（包括管理部门、平台联盟）、管理系统（包括数据库和通信系统）等服务于企业战略管理的内部资源。
市场资源		企业所拥有的用于市场化生产的资源要素，包括生产制造资源、市场关系资源、市场杠杆资源、社会资源和其他市场资源。

图 3-2 以与创新相关程度为基准的企业资源分类理论

一、政治资源

任何企业都是在一定的经济政治环境下存在的。马克思认为，经济基础决定上层建筑，上层建筑对经济基础有反作用，即每个国家的上层建筑都会对宏观与微观经济活动产生重要影响，其政治导向甚至会直接影响企业创新发展走向与经营策略。尤其是在中国，市场经济发展只有短短 30 多年，各项机制还有待进一步健全，政府与市场的关系还有待进一步厘清，政府仍然掌握着影响企业生存和发展的重要资源的分配权。因此，中国企业更须充分重视政府相关政策及资源，如政府技术创新政策、制度、财政补助等方面的信息，从而帮助选择合适的创新路径与经营策略，避免实施"逆时逆势"的企业经营战略。因而，政治资源被认为是企业创新的基础性环节，决定了企业能否推进符合国家、社会和人民利益需要的经营战略，亦直接关系企业创新的方向与成败。

当前，学术界关于企业政治资源的定义主要有以下几种：布伦纳（Brenner，1980）和道格拉斯·B. 霍尔特（Douglas B. Holt，1995）认为企业政治资源是指"企业在政治活动的过程中所拥有的能够用来影响政府决策或获得政府承诺，实现企业特殊政治目标的各种资源要素集合"。梅森（Mason，1984）、米特罗夫（Mitroff，1981）、布莱尔和福特勒（Blair & Fottler，1991）认为企业政治资源包括各种选票、政策信息、竞选捐款以及各种社会关系（如企业或员工与政府官员的个人关系、企业员工数、其他利益相关者支持）。我国学者卫武认为政治资源包括四类资源——政治有形资源、政治无形资源、政治组织资源和政治关系资源。政治有形资源主要包括企业政治活动搭建的场所，如企业党组织活动中心、政治公关活动费用等。政治无形资源包括企业政治文化、政治形象、政治声望等。政治组织资源主要包括与企业的党政建设有关的阵地、活动与经验。政治关系资源主要包括企业与政府和社会的关系，企业股东、董事、监事与员工的非社会关系等。

综上所述，学术界目前对政治资源的定义的差异主要源于关注的焦点不同，布伦纳和道格拉斯主要聚焦于企业政治目标战略，认为政治资源是为实现企业政治战略而形成的各类资源集合；梅森、米特洛夫和卫武则聚焦企业与政治的关联度，将政治资源定义为与政治有关联的资源。但由于中西方经济社会体制差异，中西方企业拥有的政治关联的资源也有所不同。如我国企业政治参与一般是通过企业经营者、董事等内部人员参选人大代表、政协委员来实现企业的政治目标，而西方更多是直接通过企业财团对政党的资本支持来影响政府的决策。除此之外，我国还有不同于西方社会的企业党政建设。作为中国特色社会主义事业的领导核心，中国共产党不但是国家机关的执政核心，同时也是企业的政治核心。党的十六大报告早已指出，企业党组织要积极参与企业重大经营问题的决策，充分发挥政治核心作用，也就是说，党组织的领导作用不但体现在国家执政层面，也体现在微观经济主体如企业经营的方方面面，确保全社会贯彻落实党和政府的各项方针政策。

本书根据企业政治资源与企业创新的关联程度，将企业政治资源定义为企业所拥有或可利用的有利于企业创新活动的政策、制度、财政、场地等政治支持。值得注意的是，企业政治资源虽然有利于企业更好地获取并了解政府在企业创新的政策制度、财政支持等信息，帮助企业选择正确的经营发展策略，尤其是在信息不透明公开的体系中，谁占有了"信息高地"，谁就拥有了快人一步、先发制人的优势。

但也有为数不少的研究表明，企业政治资源可能存在"资源诅咒"的现象，即拥有较多企业政治资源的企业在企业创新上，非但没有比普通企业表现更为优秀，反而出现了较为严重的创新动力疲软现象。学者李健认为，导致出现政治"资源诅咒"现象的原因主要是，企业政治资源较多的企业能够帮助企业获得更多的财政补贴、税收优惠与政府订单，使得企业能够不通过企业创新就能获得较大利润。而且相较于企业创新而言，依靠企业政治资源获取比较优势更加快捷、成本更低、风险更小，使得企业更加热衷于政治寻租而非企业创新。学者张敏、黄继承2009年的一项研究表明：有政治支持与政治关联的企业并不关注技术创新活动，而是更愿意通过并购等方式的多元化扩张行为来扩张企业规模，提升企业业绩。

二、知识资源

根据创新双螺旋理论，创新就是由技术创新与技术应用创新组成两个双螺旋结构共同促成的。而在知识经济时代，技术创新来源于知识资源，知识资源的存量与质量决定了新技术的产生与质量。因此，本书认为，知识资源是企业创新的关键性环节，决定了创新的成败与高度。

本书所指的知识资源是指企业拥有的技术、技能、文化、思维模式等能给企业带来突破性的资源，包括隐性知识资源和显性知识资源。企业隐性知识资源是指隐藏在企业内，无法直观显现、量化、评估的无形资源，如员工技能、企业文化、管理人员的管理水平等。也正因为这些隐形资源无法直观显现与评估，所以它往往成为企业难以被抄袭模仿的核心竞争力来源，是企业中最难以预测、最有活力、最深层次的部分。显性知识资源是指通过有形载体收录、观看、传播的知识，如专利报告、论文、制度、视频、音频等一切可直观呈现的知识成果形式，由于显性知识资源是可直接量化、复制、传播的资源，所以它相对是更容易管理、利用、评估的资源。所以显性知识资源更加考验企业对这些企业集体或个人的知识成果进行应用创新和生产盈利的能力。同时，由于显性知识资源较容易被企业抄袭模仿，所以对企业的管理保护能力提出了更高的要求。

但无论是隐性知识资源还是显性知识资源，企业知识资源的存量都是企业创新的最根本源泉。尼尔森和温特（Nelson & Winter，1982）认为知识资源构建的企业规范、惯例、技术装置等，是企业创新思路的来源。但企业创新有时既依赖于企业内部的知识资源，又依赖于企业的知识吸收和获取能力。以三星电子公司梦想制造技术发展过程为例，发现梦想的历史经营活动为其新技术的发展提供了夯实的基础，但其核心技术的突破却得益于整个企业团队对从美国制造商获取的关键制造技术的内部消化与利用。在这里，企业的知识资源为技术的开发提供了先验知识支持，而先验知识支持又对企业新知识资源网络形成起着重要作用，不断促进新技术的形成与发生。

值得注意的是，在当前的创新 2.0 时代背景下，协同创新扮演着越来越重要的作用，多领域的知识交流、整合、优化的能力直接关系着能否成功创新。因此，当前越来越多的企业注重对外合作关系的建立，如与其他企业结成联盟或战略合作关系，以此不断从外部获取新的知识资源，扩大知识资源网络关系。在这个过程中，企业之间的技术知识壁垒逐渐被打破，知识资源的流动更加顺畅快捷，企业能以更小的成本得到所需的知识资源，促成企业创新。但与此同时，技术专有性与企业知识网络开放性的矛盾会更加凸显，给企业知识产权保护带来更严峻的挑战。

特别需要指出的是，企业创新并不一定涉及很多的技术创新，如当前流行的共享经济产品：滴滴出行、共享单车等。实现这些产品的技术早已有之，但这种共享经济的理念创新带来的创新业态与创新思维，在一定程度上将会带来更加深远的影响。

三、管理资源

20 世纪 90 年代前，政府与学术界普遍认为，有政府支持与知识资源供给后，创新将自然而然地转化为技术优势和经济实力。但事实证明并非如此。如英国政府一直以来都非常重视技术创新，在政策配套和科学研究方面提供了强大的支持，但由于忽略技术创新应用系统设计，创新生产力不甚理想。90年代后，随着创新双螺旋理论的传播，英国开始反思其科技创新体系的内在缺陷，从以前只注重科技创新，到后来支持技术创新与开发创新应用扩散系统并重。自此之后，英国的创新生产力得到了显著提高。而这个创新应用扩散系统的能力，主要基于企业管理资源的应用，是企业创新的中间环节，关系着企业创新能否顺利落地开发并转化为创新生产力。无数实践证明，管理资源对促进资源优化配置、资源整合共享与管理创新意义重大。

管理资源从本质上可理解为高效配置生产资源的能力，包括各种规章制度、组织机构（包括管理部门、平台联盟）、管理系统（包括数据库和通信系统）等服务于企业战略管理的内部资源。管理资源按对象又可分为结构资源、制度资源、信息资源等。结构资源主要是指企业内部各类组织结构与设施设备，如企业基础设施（设计、生产、通信）、企业管理结构、企业服务性平台及应用软件（各类数据库、PDM、ERP、MRPII等）。制度资源是指企业的各项组织管理制度，包括企业章程、生产管理制度、员工守则等。信息资源指的是企业在生产经营过程中所需各类决策信息的总和。在当前信息时代，获取信息前所未有的方便快捷，但垃圾信息、干扰信息、无关信息却又无时无刻不充斥在人们的生活里，对企业经营管理者的信息甄别能力与信息决策能力提出了更高的要求，若信息失真，将会给企业带来严重的损失。

不同于前述可以直接对企业创新带来直接影响的政治资源与知识资源，管理资源是一种更具潜在性、间接性、经济性的资源。因为不同于政治资源与知识资源可以直接带来政府订单、财政补贴或新技术突破，管理资源是一种潜在的间接资源，它只有在成功将潜在的生产力转化为可视化的盈利能力时才能被人们所重视。但无数实践证明，通过高效开发利用管理资源，是企业提高效益更为经济、有效的途径。因为管理资源存在于生产、销售、研发、管理等各个环节，且其获取与建立相较于政治资源和知识资源成本更低、潜力更大、影响更为深远。

从我国现实国情来看，我国市场经济发展才历经短短 30 多年时间，现代企业制度、惯例、管理相较西方都有待进一步完善发展，其管理资源还远未充分开发利用起来。一方面，不少企业因资源未配置到位导致创新受阻或停滞；另一方面，不少研发机构与技术服务中心又出现设备闲置的现象。这些问题的出现，都和缺乏重视管理资源尤其是缺乏优化资源配置的服务体系与平台有关。

为解决资源配置低效问题，各地政府与大型企业开始大力推进创新服务体系与创新平台建设，提高资源配置效率。如政府更加注重创新政策之间的衔接落地，不断加强科技创新服务体系设计，建立创新创业孵化中心、技术服务中心等，都是为了帮助企业走出因资源配置不足而使创新受阻的困境。与此同时，大型科技企业如微软、腾讯、阿里等也纷纷建立起创新孵化器、共享服务平台与联盟，不断加速技术之间的流动与协同创新。

四、市场资源

现代创新理论认为，唯有创新技术成果最终转化为创新生产力，创新之路才算真正完成，才能成为企业创新的持久动力，而这恰恰需要市场资源的推动，创新若没有市场资源的支撑，没有紧密结合市场动态，其创新之路必死无疑。市场资源是企业创新的根本性环节。

本书所指的市场资源是指企业所拥有的用于市场化生产的资源要素，包括生产制造资源、市场关系资源、市场杠杆资源、社会资源和其他市场资源。生产制造资源是指将创新技术转化为市场产品整个周期所需的资源，如制造、设计、维护等资源，其直接决定了创新技术应用的效果与质量。市场关系资源主要是指与各市场经济主体相关的资源，如与消费者、供应商、合作商、行业组织等的关系。市场杠杆资源是企业可以通过期货交易、特许经营等方式获取的不属于企业所有但能为企业所用的资源。社会资源主要是指可以为企业带来竞争优势的社会事件与公众人物等，如邀请名人给产品代言或背书。其他市场资源是指除了上述资源外，可为企业带来竞争优势的各类物质或精神资源，如企业形象、信誉、知名度等。

由于市场资源直接决定着技术成果能否成功地打开市场，赢得创新生产力，这就意味着任何企业在技术创新过程中必须充分重视市场资源的获取与管理，不断强化对创新技术的市场需求分析与预测，将创新成果与制造资源、关系资源等紧密结合起来，以加快创新技术的应用与推广。

美国摩托罗拉公司在20世纪90年代发明了铱星移动通信系统，该项技术在当时是全球移动通信领域的革命性技术创新，但它前后只存活了不到半年时间。原因之一就是因为摩托罗拉公司没有紧随市场动态，及时调整技术战略。在铱星移动通信系统10年的漫长研发期间，其初期锁定的目标市场早已被发展迅猛的地面移动通信系统抢走了，而当时摩托罗拉公司并没有对此及时进行市场方向的调整。

还有一个赤裸裸的现实是，我国的专利技术成果多年来一直处于全球领先地位，但实际转化率只有15%[1]。究其原因就是因为这些数量庞

---

[1] 周斌，曲轶龙，霍竹，毛照昉，丁玉平. 发达国家项目管理专业机构开展成果转化工作情况及对我国的启示 [J]. 创新创业理论研究与实践，2018（3）：16-20.

大的技术成果并没有很好地将技术与市场需求结合起来，缺乏市场价值，只能被"束之高阁"。

与此同时，大量国有企业经营调查报告也表明，企业创新面临的研发经费不足，高素质技术人员流失严重，技术溢出效益偏低等问题，从本质上都是由于市场资源缺失导致的。国有企业市场资源的缺失一方面是由于国有企业在改制过程中，政企关系尚未理顺，现代管理机制尚未健全，导致企业在获取市场资源时存在较大困难；另一方面，是由于企业自身对市场资源的忽视或不重视造成的。

因此，企业创新必须时刻紧随市场动态发展，把握市场发展变化规律，将创新技术研发与技术的市场化应用扩散紧密结合起来。值得注意的是，在创新相对封闭的条件下，如果企业出现资源不均衡配置，导致某类资源相对过剩，就会出现生产力边际递减现象，无法实现创新绩效最大化。但市场资源的引入可以改善这种资源低效配置现象，从而帮助企业合理高效地利用各类创新资源，减少边际效应递减现象。对单个企业而言，市场资源的资源配置改善功能也许并不明显，但对一个国家或者社会而言，其意义重大。

上述以与创新相关程度为基准的企业资源分类理论主要有三大特色：一是该分类理论结合了创新活动所需资源，并按照创新发展路径进行分类，保证该分类理论下的各项资源与创新活动的紧密联系；二是该分类理论既有效地结合了企业的内外部资源，避免了巴尼只关注企业内部的资源分类与传统企业战略资源理论分类中只关注市场竞争环境的缺陷；三是该分类理论引入了政治资源的分析，由于我国特色的社会经济体制，企业的创新活动大多是在政府的引导支持下进行的，对企业的创新发展起着基础性的决定作用。

第三节　新理论框架下国企民企
资源禀赋考察与分析

我们将从政治资源、知识资源、组织资源、市场资源这四方面分别对国企民企的资源禀赋进行考察与分析，如图3-3所示。

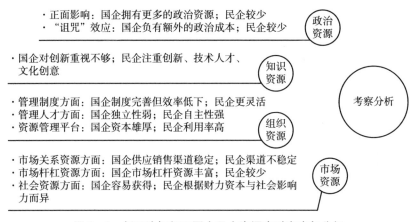

· 正面影响：国企拥有更多的政治资源；民企较少
· "诅咒"效应：国企负有额外的政治成本；民企较少　　政治资源

· 国企对创新重视不够；民企注重创新、技术人才、文化创意　　知识资源

· 管理制度方面：国企制度完善但效率低下；民企更灵活
· 管理人才方面：国企独立性弱；民企自主性强
· 资源管理平台：国企资本雄厚；民企利用率高　　组织资源

· 市场关系资源方面：国企供应销售渠道稳定；民企渠道不稳定
· 市场杆杠资源方面：国企市场杠杆资源丰富；民企较少
· 社会资源方面：国企容易获得；民企根据财力资本与社会影响力而异　　市场资源

考察分析

图3-3　新理论框架下国企民企资源禀赋考察与分析

一、在政治资源上的禀赋考察与分析

第一，从正面影响的角度来看，政治资源主要包括政策信息优势、政府公共关系资源、政策优待优势等。

国有企业由于所有权从属于政府，拥有相对较多的政治资源。政策信息优势主要是因为国有企业的所有权决定其处在政策信息传递的前端。由于国企管理层由政府任命，属于体制内人员，很多时候即使当政策尚未发布时，他们已经听到"风声"，赢得"先人一步""先发制人"的机遇。与此同时，国企的性质使得政府官员对国企人员有天然的亲近感，其政府公共关系资源会更加的广泛，在此方面的获取更为便利。根据杨其静的研究，如果政府在抓产品质量方面力度较小，但分配资源方面权力较大，则企业会更倾向于获取政府公共关系资源。国有企业正是如此。因此，政治资源还能给国有企业带来更多的政策资助及多元化资源、增强企业的价值、避免违规时受到处罚等诸多有利影响。在政策的决策影响力上，由于国企通常承担着国家的部分职能与政策目标，且在体制内信息沟通成本低、速度快，政府在制定有关企业方面的政策时，往往会优先考虑国企的意见建议，使得国企在对政府决策的影响力方面具有一定优势。

反之，民营企业由于产权上并不属于政府，且由于历史原因，我国民营企业发展历史相对较短，各项市场管理监管措施还不是特别完善，导致民营企业发展存在良莠不齐、偷税漏税等违法问题，所以在一定程度上，政府对民营企业的信任感与亲密感远不如国有企业，在政策信息、公共关系与决策影响上，它没有国企具有优势，特别是在融资方面，由于大部分民营企业的规模不大，资产也有限，融资难、融资贵的现象越来越严重。中小企业巨大的融资成本造成企业发展困难不断加剧。民营企业必须花费相对国企更多的精力，尝试通过各类政治参与去获取一定的政治资源，且即使成功参选并进入参政议政的组织，也会因"圈外人"属性，无法获得国企的先天优势。

第二，从"诅咒"效应的角度来看，政治资源在给国有企业带来额外收益的同时，实际上也给企业带来了额外的成本。首先，企业的政治资源越丰富，则越可能存在为提升业绩而出现的寻租活动，这就会减弱他们通过积极的创新活动来提升企业业绩的动力。张敏、黄继承等人的研究表明，政治资源丰富的企业更愿意通过并购来提升企业规模或通过多元化扩张来提升业绩，这也会导致他们对技术创新活动的忽视。其次，积极的市场竞争能够促进企业技术创新。企业的政治资源在一定程度上降低了其市场竞争的压力，使得他们即使面临激烈的市场竞争，也不用通过创新获取更高的市场地位。比如，企业的政治资源能帮助其获得更多的资助甚至订单等；即使企业从属于垄断程度较高的行业，其政治资源的存在也能够帮助企业优先获得政府的优待政策，这在很大程度上会影响到企业竞争战略的选择。再次，为了扶持本地企业发展，地方政府往往会采取地方保护主义而约束外地企业的市场准入，这就降低了地区内企业市场竞争的激烈程度。最后，上述政治资源相关的各种行为，还可能导致其他市场主体的追随，从而使得企业的市场占有率与产品核心竞争力关系紧密程度下降。这一切都可能导致企业创新的压力缺乏、动力不足。

第三，从企业的投资结构视角来看，国有企业的政治资源丰富，更容易获得银行的信贷支持，但它们的融资约束程度低，因此更关注短期效益，从而加剧了过度投资行为。而过度的投资行为容易导致企业降低对创新资源的投入水平，并会产生误导作用，降低企业管理层对企业创新行为紧迫性的压力，甚至转移他们对创新的注意力。此外，多元化的扩张和更广泛的并购也会分散国有企业有限的资源，造成企业创新投入降低、效率低下。再者，企业为获得政治资源所做的付出，可能会挤占其研发资源，从而进一步降低企业的创新能力。因此，国有企业如何更好地利用政治资源，对企业创新行为的影响尤为关键。

举例来讲，一汽集团是中国最大的汽车集团之一，也是央企中仅有的两家汽车企业之一，位列《财富》"世界 500 强"企业榜单。作为国内汽车工业的"共和国长子"，集团具有得天独厚的政治优势，由毛泽东同志亲自命名并题写厂名，一直以来都获得中央及地方政府的大力支持，因此拥有几乎最好的政治资源。其发展 60 多年来，在政治资源的倾斜下，集团实现多个领域的创新。组织体制方面，实现从经营单一、工厂体制到市场主导、放权经营再到突出主业、多元化经营的转变，发展出宽系列、跨地域、多层级的产品生产格局，即 1 个母公司、6 个分公司、38 个子公司（9 个全资子公司、5 个控股子公司和 24 个参股子公司）；经营市场方面，实现了从国内单一市场向国内、国外两个市场的转变；产品方面，从生产单一的中型卡车向商用车、乘用车全面发展转变，形成了全方位、宽系列、多品种的产品系列和汽车电子、金融、物流等相关产业积极发展的新格局；产销方面，从当初设计的年产 3 万辆，发展成为年销量超过 300 万辆；资本结构方面，也实现了从国有独资向多元化经营的转变。集团资产总额突破 4000 亿元，年销售额突破 6000 亿元，现有员工 13 万人，在东北、华北、华东、西南、华南建成布局合理的生产基地和在国内汽车行业中开发水平领先的技术中心，形成了立足东北、辐射全国、面向海外，具有研发、生产、销售、金融、外海、服贸等多功能的开放式发展格局。

相反，另一家东北大型企业东北特殊钢集团有限责任公司则是另一种结果。东北特钢集团是一家国有大型钢铁企业，是中国 500 强企业和中国制造业 500 强企业之一，以特殊钢为主营业务，同时是目前中国特殊钢行业的龙头企业。由于具有垄断地位，市场竞争压力和创新发展压力较小，公司开始盲目发展，不理性的巨大投资带来的财务成本和经营不善带来的亏损超出了企业的承受范围。截至 2016 年 9 月末，企业总债务接近 450 亿元，超过总资产；且企业发行的企业债券连续 9 次违约，违约债务总计 58 亿元，涉及上百个债权人。经债权人向人民法院申请，企业最终走上了破产重组的道路。①

二、在知识资源上的禀赋考察与分析

在知识资源上，民营企业比国有企业更有优势，并突出表现在创新精神、技术人才与文化创意上。如上面在政治资源上的禀赋考察与分析中所述，多数国有企业在市场上具有一定程度的垄断优势，其面临的市场竞争与创新发展的压力相较民营企业较小，因此它们对企业的创新发展相对不够重视，对技术研发人员的重视相对缺乏，更较少对技术创新者进行激励，导致许多研发人员不愿意扎扎实实地开展技术创新工作。同时，国有企业的低效率还在一定程度上引发高素质技术人才的外流，有时甚至出现"逆淘汰"现象，这在一定程度上造成国企保守趋旧，缺乏文化创意，无法吸引顾客，使得国有企业即使在技术含量不高的竞争中也处于下风。

相反，民营企业则较为重视创新，注重新技术和新产品开发，还注重激励技术创新者，比如采取让科技人才以技术成果作为资本入股的方式，与他们共享技术创新成果带来的盈利。民营企业还大胆地在技术岗位上任用技术骨干，培养他们成为行业内的专家。民营企业在技术人才资源上的奋起直追，正逐渐吸引高精尖人才从学术机构、国有企业等向民营企业流入，加速形成人力资本集合。与此同时，高精尖的技术人才优势与活跃的创新文化精神使得企业充满创意活力，不断推动企业的理

---

① 杨书朋，郭云峰. 东北特钢重整案：创新破产审判的大连经验［N］. 人民法院报，2017 － 12 － 21（3）.

念创新。

例如，柔宇科技有限公司（ROYOLE）成立于 2012 年，是一家专业从事柔性显示技术和 VR 显示技术研究开发的公司，其专注于新型人机交互技术（特别是新型显示与传感）及其相关电子产品的研发、生产及销售。公司非常重视知识资源的力量，其核心团队中有来自国内外高端研发和管理人才数百位，多位核心管理及技术人员毕业于北京大学、清华大学、香港科技大学、美国斯坦福大学、康奈尔大学、加州大学、普渡大学、密歇根大学等国内外知名高等院校和科研院所，并曾就职于世界著名科技企业或机构（如华为、富士康、美国微软、英特尔、IBM、高通、惠普、安捷伦、中芯国际、飞利浦、西门子以及恩永等）。公司成立不到 3 年时，便拥有了三大核心技术和产品，分别是 0.01 毫米全球最薄彩色柔性显示屏（新型电子材料开发、柔性电子集成电路设计、新型显示背板工艺及生产流程优化等）、新型柔性电子传感器（产品有柔性电子弧形汽车中控台、柔性 PC、柔性智能电话、柔性智能背包等）和新型智能终端产品（产品有可折叠式超高清 VR 智能移动影院、800 英寸 3D 弧形巨幕移动影院等）。由于柔宇科技的产品技术含量高，市场前景好，被广泛认为是 21 世纪最具代表性，甚至颠覆性的电子信息技术革命者之一，先后获得包括 IDG、松禾资本、中信资本、基石资本、深圳创新投等一大批国内外著名风险投资机构和投资人的投资，投资总额高达数亿美元。2020 年，柔宇市值估值 60 亿美元，成为全球成长速度最快的公司之一。

三、在组织资源方面的禀赋考察与分析

国企、民企在组织资源方面的差异主要集中在管理制度、管理人才

与资源管理平台上。

在管理制度方面，国有企业由于特殊性质，在审批制度、决策制度、资产管理制度等方面更加完备、规范，但规范化越强，也意味着手续更加繁杂，效率更为低下，易产生内部僵化，活力不足。然而，国有企业虽然制度完备，但往往缺乏有效的监管；民营企业的制度虽不如国有企业完备，但更有弹性，灵活便捷，更新速度更快。同时，民营企业的经营者往往就是所有者，企业的盈亏直接关系到经营者（即所有者）自身利益，所以他们有充足的动力去经营企业。因此就制度的有效性与先进性而言，民营企业会更有优势。

在管理人才方面，由于管理人才在权利、权能、权益方面的差异，民营企业相对国企更容易吸引和留住高素质的管理人才。在国有企业中，由上级任命的经营者往往需要承担一些政治性任务，他们的独立性较差，无法充分发挥个人才能。同时，企业对经营者激励往往是工资薪金收益，产生的激励相对不足。相反，在民营企业中，经营者无论是应聘就职还是自身就是所有者，其自主性和决策独立性较大。与此同时，民营企业的激励通常是经营者持股等方式，激励作用较强。

在资源管理平台上，国有企业因为有雄厚的资本与政府的支持，在资源平台建设方面，特别是在营销网络建设等方面，存在一定的优势。但由于国有企业资源平台市场化程度不高，平台的利用效率与流动活力相对不足。近年来，随着国内互联网巨头如阿里巴巴、腾讯、百度、京东等在平台建设上的迅速崛起，民营企业在资源管理平台建设上开始奋起直追，甚至有超越国企的势头。如腾讯的研究院"互联网＋"创新中心、微信、乐捐，阿里巴巴的创新中心、天猫、阿里云等平台，不但催生了无数的创新业态，而且推动了企业的"互联网＋数据"管理，提升了企业的管理和决策的质量。

在管理和组织领域，华为公司当仁不让地成为国内企业的典型代表。华为成立于1987年，在不到30年的发展时间里，迅速成长并位列《财富》"世界500强"公司。这其中，管理和组织资源的良好利用是非常关键的因素。人才管理上，公司主要体现在人才招募、人才培养和人才配置三个方面。公司的发展历程中，对人才的管理经历了"野蛮生长""环境驱动""实践导向""理论专业""系统整合"五个阶段，形成了全流程导向的资源整合与系统管理和较为完善的创新人才能力管理体系。组织支持上，从领导的个体型支持演化为团队型支持，公司形成了联系紧密的蜘蛛网似的组织架构和部门间的一体化融合。公司从人才管理和组织架构两方面，为创新提供了丰沛的土壤和坚实的系统保障。

四、在市场资源方面的禀赋考察与分析

国企民企在市场资源方面的差异，主要表现在市场关系资源、市场杠杆资源和市场社会资源三方面。

在市场关系资源方面，由于国有企业产品大多与民生保障息息相关，是人们日常生活的刚需品，受政府宏观调控力度大，并具有一定的垄断性质，在本质上属于非完全竞争市场。所以在市场关系资源方面，国有企业的供应销售渠道稳定，顾客具有较高的忠诚度。而民营企业大多处在完全竞争的市场状态下，与顾客、供应商、销售商等关系较为不稳定。

在市场杠杆资源方面，国有企业具有得天独厚的资源禀赋，尤其是在对外融资方面。因此，国有企业较少受到外部资金的制约，市场杠杆资源较为丰富。但同时，较为丰富的资源未必能产生积极的创新行为，

因为国企所有权性质所带来的代理问题是造成国有企业的经营者优先考虑"政绩",而非"创新"。相对于国有企业,大部分民营企业资本实力相对较弱,能通过融资而获得的金融杠杆支持较少。

在社会资源方面,由于国企通常带有政策性目标,有政府的背书支持,所以较易获得社会资源。而对于民营企业而言,则根据企业的财力资本与社会影响力而异。财力大、知名度高的民企较易获得社会资源支持,而对于一般的民企而言,是很难获得大量的社会资源的。

例如,中国石油化工集团公司(Sinopec Group)是一家由原中国石油化工总公司重组成立的特大型石油石化企业集团,是国家独资设立的国有公司,成立于1998年7月。公司主营业务范围包括石油和天然气的勘探、开采、储运(含管道运输)、销售和综合利用等。由于我国未来能源的需求量可预见性的增长和国内原油产量的制约,将在一段时间内不断增强对外国的依赖。中石化充分利用市场资源禀赋优势,不断提升专业技术,以创新手段提升公司市场竞争力。目前,中石化已形成了具有自主知识产权的全流程先进技术体系,并以此支撑公司的快速发展,成为全国最大的成品油和石化产品供应商,世界第一大炼油公司,连续数年在《财富》"世界500强"企业中排前5位。

综上所述,国有企业虽然因所有权性质在资源上存在一定的先天优势,但利用效率较低。因此,资源对其创新行为的影响程度相对较弱。而民营企业则能够物尽其用,各种资源都会对创新行为产生重大的影响。因此,民营企业的创新行为比国有企业更受到资源的约束。

第四章

国企民企资源整合的模式

第一节　国企民企资源整合的方向与着力点

一、国企民企资源整合的方向

企业的资源整合本身就是一个复杂的问题。所谓企业间的资源整合，就是企业考虑到自身的利益，根据所在市场的实际发展形势而采取的战略决策。从根本上说，企业间的资源整合以提高企业竞争力、实现企业持续发展为目的，而要实现这种目的，就必须结合企业的创新。创新作为引领经济发展的根本动力，也是保证企业持续健康发展、获得新竞争优势的内生动力。作为创新驱动发展战略不可或缺的重要力量，国企民企的资源整合都需要坚持创新导向。

（一）国企民企资源整合带动企业的创新发展

一方面，国企民企的资源整合会促进企业创新理念的形成，培养企业的创新意识。在当今碎片化的知识经济时代，国企民企的资源整合可以将双方大量的自然、物质等传统资源，以及信息、知识、技术等新型资源整合到一起，同时能够使一些潜在的、未被发掘的资源得到利用，发挥其效能。由此，新资源的组合和优化，能够激发管理、技术、观念等创新因素的活力，从而促成创新行为。另一方面，国企民企的资源整合为企业的创新提供物质基础。企业的创新不只是理念的形成，更需要丰富的资源作为前提条件，企业的创新行为才能够顺利展开，所以需要众多资源相互适应、相互协调，最终整合到一起。其中，任何一个资源整合环节的效果，都关乎着企业整体创新活动的结果。

（二）国企民企创新行为推动资源整合进程

国企和民企依托"互联网＋"技术，通过信息化平台，可以迅速实现信息查询、信息集中、信息共享以及沟通协作等功能。国企和民企围绕着互联网平台的应用和开发，开展创新性活动，引进优势资源，改进劣势资源。二者之间的资源共享和优势互补，可以促使资源效能的提升，达到资源利用效率最大化，从而推动新一轮的资源整合和优化。

二、国企民企资源整合的着力点

国企民企间资源的高级整合需要企业各项创新行为的持续跟进，其中，"互联网＋"技术和企业结构的变革会对企业间高级的资源整合产生关键作用。因此，国企民企的资源整合要加强对"互联网＋"技术的应用，还要从"供给侧"的角度对资源进行整合加工，从而进一步提升企业的资源价值，有效满足企业多层次的需求。

2015 年 7 月 4 日，国务院正式公布《国务院关于积极推进"互联网 +"行动的指导意见》。文件指出，要适应当今世界"互联网 +"的发展趋向，增强各行各业的创新能力。互联网时代，改变的不仅仅是企业自身的组织运行模式，也影响着企业间的关系。互联网代表着一种新型的经济运行环境和创新的生产力模式，互联网平台化运作和网络化变革成为企业在新时代背景下谋求市场地位、获得核心竞争力的必经之路。通过互联网平台的整合运作，国企和民企的丰富资源能够被充分有效地激活和融合，进一步创造出新的资源，提升了资源的价值和效率。

第二节　国企民企资源整合模式的分析与比较

一、模式分析

国企民企资源整合目前主要有三种模式，如图 4 - 1 所示。

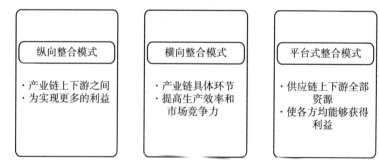

图 4 - 1　国企民企资源整合模式

（一）纵向整合模式

纵向整合是指整个产业链上下游之间进行的资源整合，即某些企业为了实现更多的利益而进行的战略重组活动。它强调企业要找准定位，发挥比较优势，各企业之间相互协调，共同创造价值链的价值最大化。这种纵向整合的模式使企业掌控能力强，资金消耗少。首先，纵向整合可以尽可能地降低市场变化所面临的价格波动风险；其次，企业还能够由于资源的获得而减少信息不对称带来的交易成本，提高生产和管理效率。但同时，这种资源整合还会带来一定的负面影响，最主要的是会给企业带来极大的资金压力。企业的纵向整合，意味着整个生产活动的价值链上有更多的环节需要企业亲自参与。这也就意味着，一旦纵向整合的程度偏大，不适应于企业自身有限的资源时，会给整合后的企业带来流动性风险。

以比亚迪为例。比亚迪通过零部件的纵向整合和核心环节的纵向整合，实现了70%以上的零部件在公司内部生产，将价值链环节进行了有效内化，在保证质量的同时大大降低了制造成本和运营成本，进一步加强了市场竞争力。但是，比亚迪原本更多地致力于电池的研发，在经过纵向整合后，更多的零部件生产会带来巨大的资金投入，进而给企业带来严重的流动性压力。

（二）横向整合模式

横向整合是针对整个产业链具体环节进行的资源有效整合。企业之间加强整合的优化过程，通过这一模式的应用，可以在市场竞争中借助系统化的管理和有效控制，对资源进行传递和转化，进一步转换成市场需要的商品或劳务，从而提高企业的生产效率和市场竞争力。

（三）平台式整合模式

平台式资源整合是将企业"平台化"，是一种通过整合及优化供应链上下游的全部资源，使各方均能够获得利益的行为。庞大商业生态体系中的丰富商业元素将聚焦于同一个方向、为同一个目标服务。这种整合方式对数据掌握程度要求极高，但同时整合后获得的效益也将是巨大的。

目前企业资源的平台式整合主要以互联网平台为代表。以阿里巴巴为例，阿里巴巴利用"阿里云"资源作为云计算的技术基础，集合UC、优酷等视频资源和 IP 项目，通过对旗下与游戏相关的各企业及平台进行资源优化与整合，从而进行更丰富、更完善的游戏生态建设。

二、模式比较

企业的纵向整合较为复杂，而横向整合比纵向整合需要的经济基础更加雄厚。相对于纵向整合与横向整合而言，平台式资源整合的发展前景更加广阔，将成为未来国企民企资源整合的主要模式。首先，作为快速配置资源的有效途径，平台式整合为国企和民企之间、企业和消费者之间提供了一个可以及时、有效沟通协调的渠道。其次，平台式整合不仅限于一条产业链或是某单一环节的整合，而是全方位、多层次、大范围的资源整合。纵向整合与横向整合范围较小，效率偏低。最后，平台式整合顺应了互联网经济的发展模式，更能够激发企业的创新能力。随着时代的发展，互联网经济的纵向整合与横向整合的局限性逐渐显现，平台式资源整合成为大势所趋。

第三节　国企民企资源整合过程模型构建

资源整合就是要优化资源配置，最终实现整体配置的最优化。企业进行资源整合时，会对其原有的价值创造过程进行再造，以达到持续扩大盈利，获得竞争优势的目的。一方面，资源整合就是企业资源边界扩大的过程；另一方面则是企业为适应市场变化及新形势而进行的动态调整，优化资源配置，开展新的业务，满足市场需求。

资源整合是企业获取持续竞争优势、提升创新能力的主要途径。互联网时代背景下，企业资源整合的方向应该是打造智慧型组织，其显著特征是网络化生态、全球化整合、平台化运作、员工化用户、自组织管理。面临当前产能过剩、产品同质化严重等困难和挑战，国企民企应该顺应时势，革新观念，这是其实现创新发展的重要基石。基于创新维度从各方面剖析资源整合的过程，深刻认识并掌握进行资源整合的步骤，构建清晰直观的框架与模型，反映深层次的内在机理。

梳理资源整合的整个过程：第一，明确资源的属性类别，认清各种属性的资源能够为企业提供的价值；第二，明确资源整合的原则，即整合过程中应严格遵循的标准；第三，识别和汲取资源，发现并汲取需要进行整合的资源，以企业资源整合的预定目标为导向，选择最佳的资源整合方式；第四，整合后的资源务必要和企业的其他资源相辅相成，同时与企业的生产经营相适应，从而助力企业的创新发展。

首先，认识资源是企业资源配置的前期准备阶段，是企业资源有效整合的前提。明确资源的属性类别，即认清企业的关键资源、过剩资源、稀缺资源，等等。企业在掌握内部的资源信息后，才能够根据战略目标及企业的实际发展情况，优化资源组合。

其次，资源整合的重要步骤是明确资源配置的过程和方式。其中，企业内部资源整合指企业利用组织制度安排和管理运作协调，致力于从内部角度进行资源整合，利用聚合作用，采取资源的组合、积累、升级等内部整合方法，对其进行优化配置，增强企业的核心竞争能力，提高资源利用效率。企业外部资源整合指企业致力于从外部角度进行资源整合，利用杠杆的作用，优化、集聚更高效率的外部资源。对外资源整合除了包括企业利用收购重组等方式获得价值更高的资源以外，还包括企业与供应链上下游的相关企业进行深度合作，进而达到信息共享、效率提高、资源优化的目的。因此，剖析企业资源整合机理，实际上就是剖析企业对于资源的吸收和利用能力。其中，资源的目标功能，就是企业管理者考虑如何利用资源整合模式获取和使用企业发展所需的资源；资源的杠杆功能，就是企业管理者如何撬动外部资源为己所用，并使它们效用最大化。资源有效配置的过程，也是企业各方面能力，例如生产经营能力、创新能力等提升的过程，这些能力的提升，保证企业能够稳定具备较强的竞争优势。

再次，企业识别和汲取需要进行整合的资源。这一阶段，需要企业对于所属行业及市场有足够准确的研判，并具备足够的经验积累，才能够在众多资源中选择出对企业自身价值最大的资源。具体来看，对资源进行识别必须依据企业的发展战略，明确企业的产业战略定位是其中的关键和前提。同时，要对企业当前的重要资源准确识别，以保证企业在资源整合和汲取的过程中能够对其进行重点关注，从而在激烈的市场竞争环境中获得稳定持续的优势。

最后，对整合后的资源进行激活和融合，即使企业的新旧资源在整合优化以后创造更大价值。这一过程具体表现为两个层面：一是企业开展新的业务，从而使优化后的资源发挥更大的价值；二是新资源的价值创造过程和企业现有的经营模式逐步适应，并和企业的其他资源要素一起共同促进企业发展。

第四节　国企民企资源整合最优模式探索

在当前经济新常态的形势下，在国际经济环境错综复杂的情况下，企业必须运用各种现代管理方法，对内外资源进行全方位的整合与优化。国企民企作为国民经济的细胞，其创新发展形势成为指示地区经济状况的"晴雨表"，而资源整合又在实现国企民企创新发展中扮演着日趋重要的角色，成为企业实现创新发展的有力抓手，探索国企民企资源整合最优模式，为企业资源整合提供方向之意义深远。以国企民企资源整合的现实状况为依托，深入分析资源整合与创新相互推动的机理，掌握企业资源整合的发展趋势，同时探索其当前面临的根源问题。在对相关情况进行全方位深化理解和对现实状况进行全面剖析的前提下，运用系统思维模式，构建国企民企资源整合的过程模型并进行梳理，最后找到推动国企民企创新效率最大化的资源整合最优模式，即互联网平台式整合模式。

一、选择互联网平台式整合模式的原因剖析

（一）互联网时代的大势所趋

互联网时代背景下，企业进行平台化运作和网络化生态变革，并构

建商业生态系统成为实现创新发展、勇立时代潮头的必然选择。平台是快速配置资源的架构，是企业进行资源整合的前提，其所具有的聚合大量资源的特点使其天然地对企业的资源整合发挥着至关重要的作用，"互联网＋"作为创新 2.0 下互联网发展的新业态，为改革、创新、发展提供了广阔的网络平台。致力于推动移动互联网、云计算、大数据、物联网等与现代制造业结合的"互联网＋"行动计划，使国企民企利用互联网平台式整合模式进行资源整合成为可能。

（二）国企民企创新发展的现实需求

国企民企中传统企业占很大比重。互联网平台模式的兴起，使许多传统企业不得不利用资源整合的方式，改变原本的经营模式，转型进程迫在眉睫。当前，企业要想在整个生产经营的链条上具备绝对的竞争力已十分困难。企业本身的各类资源有限、流动性资金有限、风险抵抗能力有限，促使企业需要积极寻求内外部资源的整合优化，为企业的发展创造新机遇、新动能，为企业的生产经营创造新的竞争优势。这种背景下，互联网平台模式不仅降低了风险，也增强了企业竞争力。传统企业利用互联网平台模式转型，一方面能够对传统企业固有的资源和能力进行改善；另一方面能够吸收和整合来自企业外部的开放优质资源，对于企业创新发展的意义深远。

运用互联网平台模式进行国企民企资源整合，平台领导者与参与者能够形成比较稳定的资源共享机制，核心企业对其内部资源和生态圈中其他组织的资源进行整合，充分发挥资源优势，推动转型升级，实现创新发展的长远目标，这既是大势所趋，又与当前实际情况相适应，理应成为国企民企进行资源整合的最优选择。

二、国企民企利用互联网平台模式进行资源整合的路径剖析

国企民企利用互联网平台模式进行资源整合的途径是搭建一个开放型的平台，以产品为核心，并将产品作为一种平台载体，同时按照消费者的需求变化，不断对产品进行升级。另外，还需积极联合其他企业合作伙伴，努力推动资源的整合与共享，共同打造平台生态圈，从而实现转型升级、创新发展。

平台型企业利用其独特的商业模式和技术手段，吸引和领导更多成员伙伴、外部资金参与进来，共同创造这种新型的商业生态圈。当前，传统企业的边界越来越模糊，跨产业的企业合作越来越广泛，核心企业与各产业中的企业共同演化，在满足不断变化发展的市场环境的同时，尽可能地为顾客创造更高的价值。其中，核心企业不仅要有能力在商业生态中提供技术创新和产品服务，还必须有足够的号召力将各个成员凝聚在一起，实现相互促进、共同创新。从商业生态的视角分析，平台企业之间互相关联、互相制约，构成一个平台生态圈。从最初的资源依赖型平台生态圈，到资源整合型平台生态圈，这是一个企业依据不断变化的外部市场环境、资源逐步整合集聚，到最终能力提升、行业日渐成熟的发展进程。同时，在构建平台生态圈的过程中，资源依赖逐步从内外部的合作伙伴集聚到了平台型企业之中，传统企业的组织结构逐步从垂直网络转变到扁平化结构。

进入互联网时代，为满足消费者多样的个性化需求，互联网平台需要采取各种措施，例如组织扁平化、产品智能化、研发及设计平台化等，实现自身的平台模式转型，并据此整合全球优质资源，提供创新产品。国企民企在平台转型的过程中，需要各参与主体共同努力，根据自

身的资源优势，联合构建起平台生态圈，实现更广泛、更高效的资源整合，协同创新，最终达到创新发展的目标。

总之，国企民企应转变思想，借助当前新型的互联网信息技术，对内外部资源进行整合与优化，对企业的生产经营模式、管理手段进行不断创新，从而持续获得强大的竞争优势，在当前的市场环境下脱颖而出，实现新的辉煌。

第五节　国企民企资源整合最优模式的实现机制

国企民企资源整合与创新之间的相互推动，对于产业结构升级与持续发展意义深远。探讨国企民企资源整合最优模式的实现机制并稳步实行，成为达成目标的必行之路。市场、政府和社会是实现创新资源整合的三大驱动力量，而完善制度保障系统、建立健全创新资源共享平台、加强创新人才队伍建设、构建协调稳定的资金体系、塑造资源共享文化氛围、培育完善的科技中介服务体系、加强产学研合作等，是实现国企民企资源整合最优模式的有效途径。国企民企资源整合最优模式的实现，需要国企民企对其所掌握资源与创新能力的清晰认知，对资源整合与创新发展趋势的深刻理解；还需要政府的总体引导与保障机制的构建，政府应完善各类物质基础设施，进行创新资源整合的平台建设，提供必要的调控管理服务，培育和优化创新机制和创新环境。

资源整合的市场机制，就是在坚持各个主体利益最大化的原则下，利用价格、供求、激励等多种机制共同运作。完善的市场机制是国企民企资源整合的前提。同时，资源整合的过程能够平稳、有序运行，必须要有科学的激励和约束机制，而要使激励与约束机制完善科学，就需要保证产权的市场化。

另外，利益的分配是各个主体在资源整合优化过程中面临的重要问题。尽管各资源主体的合作共享需要充分平等，但由于信息不对称等原因，这种"平等"往往难以实现。这种情况下，需要政府尽快制定利益协调机制，保证在资源整合的过程中，各参与主体能够互相尊重、充分合作，以达到创新发展的最终目的。

平台建设是充分运用互联网技术、信息技术等手段，通过合作共享等途径，以实现资源整合优化的方式。一个完善的平台体系，最主要的是有共享网络体系与管理服务体系。其中，共享网络体系可实现全平台资源的实时共享，各个成员都能够及时了解相关信息；管理服务体系则实现了全平台资源的及时更新、平台系统的及时维护，保证平台在资源整合优化过程中的服务地位。平台的建设对于国企民企实现阔步发展意义深远，政府应顺应信息化发展趋势，加强互联网与国企民企的融合，实现国企民企资源整合目标。

第五章

国企创新行为评析

第一节　国企创新行为维度界定与内涵

一、国企的特点和优劣势

通常，国有企业有很多划分方法，但大体可以归纳为两类，一类是国有全资企业，另一类是国有控股、参股企业。不管哪种类型，国有企业作为我国现代企业制度的基本特征之一，在国民经济中具有特殊地位，并发挥着特殊作用。

首先，国有企业拥有独特的产权制度。即国有企业属于全民所有制企业，优点是具有更强的抗风险能力，投资范围更广。当然，缺点也比较明显，就是劳动者、所有者和经营者之间的责权利关系模糊。

其次，国有企业具有更大的社会责任目标，国有企业不以单纯的商业利益为主要目标。优点是可以在公共服务领域做更大的贡献，造福全体国民。缺点是国有企业不是单纯以商业利益为唯一目标，因此，存在其市场竞争力弱化的风险，最终缺乏竞争力和市场效率。

再次，国有企业融资渠道不同。国家银行、财政拨款、主权性融资（发行主权债券、接受外国政府贷款）等，都是国有企业的融资方式。其优点在于，国有企业背后是全国财政体系的支撑和以政府信誉为担保的融资渠道，能够最大限度地保证金融平稳运行，能够对产业发展提供持续推动。当然，如果控制不好资金安全，有可能导致国有资产大量流失。一旦用严格的监管决策程序来保障国有资产安全，可能会降低国有企业责任自负的义务。同时，也限制了国有企业运用市场方式和手段的效率。

最后，国有企业具有更高的信誉。国有企业不会像民营企业那样面临更大的破产风险，因为国有企业背后是国家的支持。因此，具有更大的稳定性。当然，国有企业经营者和劳动者的竞争意识较弱，效率较低，当面临巨变时，调整也相对缓慢，对市场反应不灵敏。

二、国企创新行为的内涵与维度界定

1912年，经济学家熊彼特（Schumpeter，1883）在他的《经济发展理论》中第一次提出了创新理论概念。该书全面、系统地阐述了创新在资本主义经济活动中的作用。

熊彼特在著作中指出，创新实际上就是由企业家重新组合生产要素，使之更加高效，归纳起来创新可以有五种形式：（1）创新生产方法属于创新，即引用新技术；（2）引进一种新的产品也属于一种创新；（3）开辟一个新的市场行为也属于创新；（4）掌控原材料的来源渠道也属于一种创新，即控制原材料的新来源；（5）在企业内部采取一种新的组织方式也属于一种创新。

熊彼特指出创新不同于发明，创新是发明的实践版本，是创新应用于生活的具体实践行为，在实践中能真正起作用的才称为创新。他认为创新是社会发展的原始动力。创新能力的强弱也最终决定了一个国家的整体竞争力水平。

马克思对科学技术和经济关系概括为"科学技术是生产力""是一种在历史上起推动作用的、革命的力量"①。熊彼特对马克思的观点非常赞赏，并在此基础上提出了自己的观点，他在《经济发展理论》中对创新的内涵和外延都做出了探索性研究。从内涵角度，他将创新理论进行了新的界定，认为创新不仅包括技术创新，也包括知识创新、制度创新等。在外延角度，他将创新延伸到了思想、文化等领域。因此，我们可以总结出国有企业创新行为的维度界定。主要可以分为三个维度：技术创新、制度创新、管理创新。

1. 技术创新

第二次世界大战后，西方经济学家对熊彼特的创新思想做了进一步的研究，并取得了很多新的成果，其中，新技术创新理论就是这一阶段的产物。熊彼特创新理论对创新环境等研究较少，也并没有发现技术创新规律，但在他之后的技术创新理论对这些方面进行了重点研究。技术创新理论强调技术与经济融合协调发展的思路，为我们提供了一种新的研究经济发展的方法。这种融合发展在工业经济大发展时期起到了巨大

---

① 中共中央编译局. 马克思恩格斯全集［M］. 北京：人民出版社，1963（19）：375.

的作用，对于后发国家的经济发展至关重要。在强调知识经济的体系中，技术创新也有了新的特点：

（1）知识与技术创新扩散周期大大缩短，两者关联度不断提高。

（2）产品周期间隔缩短，创新速度加快。

（3）技术创新带来的收益与成本同时上涨，风险越来越大。

（4）技术市场垄断特征明显，抢占技术创新制高点竞争愈演愈烈。

面临多变的市场，技术创新系统只有快速做出反应，才能适应技术创新特征的要求。一般来说，技术创新系统是由技术创新过程中相关的各个主体集合而成，系统结构决定了系统的外在，因此，系统结构是技术创新系统的根本所在。同时，技术创新也是各个要素协同发展和资源整合的过程。

2. 制度创新

诺思（North，1920）在《制度变革和美国经济增长》一书中，提出了制度创新模型，这是在熊彼特的创新理论基础上，深入研究制度变迁的原因和过程之后得出的，是对熊彼特创新学说的发展和深化。诺思的制度创新理论是根据成本与收益此消彼长的过程来影响人们努力改变制度安排的愿望。当收益大于成本时，特别是外部收益很高时，人们便有努力改变制度安排的愿望，则该项制度安排就会被创新，反之亦然。外部收益又称为外部利润，是原有制度下无法获得的利润。主要包括：外部性、规模经济、风险及交易费用。

制度创新理论认为经济增长源于经营方式的革新或者经济组织形式的变革，它运用制度变迁来解释经济增长和经济绩效，它是建立在资产阶级垄断竞争理论基础上的，同时，这种组织和管理的革新实际上也是制度变迁的原因所在，是经济增长的理由之一。

3. 管理创新

20 世纪，管理创新理论与创新理论几乎同时产生，先后经历了泰勒（Taylor，1856）的科学管理到现代管理科学化进程。期间，泰勒用了他大部分时间来研究管理创新，他通过写作、演讲等手段不断宣称他的思想和理论。泰勒理论大体可以概括为：工作定额理论；能力与工作相适应理论；标准化理论；差别付酬理论；计划和执行单独运行理论。因为他卓越的贡献，因此被尊称为"科学管理之父"、科学管理的创始人。

泰勒理论的第一次实践发生在当时著名的汽车企业福特公司。福特公司大胆应用泰勒的管理理论指导公司经营，充分调动了员工生产积极性，取得巨大成功。① 此后，乔治·埃尔顿·梅奥（George Elton Mayo，1880）的人际关系理论、马斯洛（Maslow，1908）的需要层次论、麦格雷戈（Mc Gregor，1906）的 X－Y 理论等相继出现，不断丰富和完善了管理创新理论。第二次世界大战后，管理理论更加注意将技术科学最新成果与现代自然科学成果相结合，并运用数学方法、电子计算机信息论等方式，形成了一系列新的管理创新方法和技巧，使整个管理工作提高到了一个全新的高度，到 20 世纪 70 年代，管理理论已经被普遍认可了。

管理创新实际上从未在实践中消失，反而是其理论探讨相对滞后了。因此，研究者开始深入地从管理创新的内涵、规律等方面进行研究。可以说，管理创新是一个持续的、从没间断过的创新过程，管理理论的发展历程就是　部管理创新的历史。

---

① 陈今森. 弗雷德里克·温斯洛·泰勒——纪念《科学管理原理》发表 80 周年 ［J］. 经济与管理研究，1991（3）：33－36.

第二节 国企体制机制创新尝试与绩效

对于一个企业而言，创新是其生存和发展的基础。同样，国有企业的发展壮大也离不开创新，特别是体制机制的创新对国有企业发展至关重要。

一、体制创新

（一）建立和完善现代企业制度

根据企业的实际情况，不断从过去的生产经营活动中汲取经验，加快国有企业制度向现代企业制度的转变。在改革过程中，要时刻注意以下几个环节：首先，继续实行政企分离，政府继续作为国有企业的所有者行使职能，针对国家出资兴办或者国有控股的企业，政府以其出资额为限，享有参与重大事件的决策和经营管理等方面的权利。其次，加强对国有资产管理，有效利用国有资产。充分认识国有资产为国家所有，进行资产等级管理、完善国有资产责任制。建立并完善公司法人治理结构。最后，调整企业经营机制，建立良好的企业外部环境，让企业之间充分竞争、优胜劣汰，真正实现择优任用。

（二）实现政企职能分开

首先，政府和企业规范各自职责范围，政府不能长臂管辖，不能干预企业生产经营，做好守夜人角色，深刻落实国家出台的相关政策，协调企业各部门，为企业生产经营营造良好环境。当然，国有企业也需要提高经营效率，强化竞争意识，加大创新投入，从而真正占领市场。其次，完善经营管理模式，实现业务分离。在政企职能分开的基础上，激励企业进一步完善和健全企业经营模式和管理体制，促进企业又好又快发展。最后，精减国有企业员工，进行技术改造和设备自动化升级，降低企业生产成本。裁减冗员，打造高效、专业的职工团队，不仅能提高国有企业生产效率，而且能减少生产成本，增强企业的经济效益。

（三）实现科技体制创新

发达的科技体制更有利于技术创新，而技术创新能够保证企业在激烈的竞争中保持领先。因此，对于国有企业而言，必须不断提高技术创新能力。国有企业需要做到：第一，大力培养科技人才。在国有企业内部成立科学技术研发中心，同时，企业应该增加技术研发方面的资金投入，将研发投入核算成企业利润进行更科学的考核；第二，增加技术储备，建立技术基地，开发企业自身的主导产品，不断增强企业的技术攻关能力；第三，追踪国外先进技术，引进国外顶尖技术人才，密切关注国际科技成果的近况，利用一切可能将其为我所用；第四，将国有企业部分利润作为专项资金投入基础教育，为我国技术创新储备更多优秀人才。

二、机制创新

（一）创新企业经营机制

在国有企业经营管理机制转变的过程中，切实提高企业的经济效益，同时，国有企业要改变以往的经营观念，积极参与到国际市场中去，努力做强做优做大，谋求自身更快更好发展。国有企业在建立经营责任制和激励机制的基础上，切实做好企业的经营管理工作，在发展过程中，明确自身经营方向和经营目标。此外，重点发展企业的支柱产业，促进经济效益的持续增长。

（二）完善领导管理机制

建立健全现代企业制度，实现国有企业的有效管理并促进经济的快速增长，企业就必须拥有过硬的领导团队。而党委会就是国有企业的领导核心，党委会必须拥有企业章程的法人地位，与董事会形成默契关系，其中的主要领导交叉任职，统一地在党的领导下对国有企业进行有效监督和生产经营管理，并依据国有企业考核管理办法科学对国有企业主要领导进行客观考核。

（三）建立新的用人机制

国有企业改革的核心在于人，在坚持党管干部的原则下，坚持市场竞争需要的选人用人机制尤为重要，彻底去除国有企业干部终身制的弊病，通过合同制的形式充分选拔优秀的企业人才，实现应聘人员的充分竞争。企业在选拔管理人员时，采取竞争机制是十分必要的，这是因为：（1）竞争机制为更加优秀的人才提供施展才华的机会；（2）竞争能够激发员工的竞争意识，促使其努力工作，提高自己的工作绩效；（3）通过竞争机制选拔员工，能够为企业的发展储备优秀人才，并通过合理的分配方式，实现人才的合理利用，充分体现公开、公平、公正的原则，增强干部选任工作的透明度。当然，基于党管干部原则，部分岗位还应坚持组织任命形式，任命与市场竞聘结合，董事会成员与党委会成员交叉任职。

（四）建立健全企业分配激励机制

在国有企业漫长的改革道路中，建立合理有效的激励机制是较为重要的一步。通过合理的激励机制，可以充分调动员工工作的积极性，使之以极高的热情和认真的态度为企业工作，从而推动企业的发展壮大。企业可以从物质和精神两个方面实行激励机制，所谓物质激励机制就是企业通过给予员工一些物质上的奖励，让员工有一种受到公司认可的感觉，从而更加努力地为企业工作。而精神激励机制是在思想意识方面激励员工，让员工充分意识到企业的经济效益与其切身利益密切相关，从而在自己的岗位上努力进取，不断创新。这两种激励机制都能在一定程度上加强企业文化特色，促进企业的进一步发展。我国国有企业的收入分配激励机制要与现代企业制度相适应，在企业内部实行按劳分配，市场招聘人员，实行市场化薪酬。与此同时，企业员工的薪酬要与企业经营业绩挂钩，实行按照岗位来确定薪酬的办法，参考多因素确定员工工资，对工资进行动态管理。

三、制度创新

良好的制度是企业高效运行的保证，企业作为不同生产要素的组合，就是要建立合理的制度框架以保证不同要素之间密切配合，最终实现企业的高效产出。科学、合理的制度能够让企业在市场竞争中保持优势，对于国有企业而言，制度创新至关重要。对此，需重点把握以下几个方面：

（一）健全各项组织制度

一是要坚持民主集中制的各项规定，建立健全集体领导和个人分工负责相结合的相关制度，完善领导班子议事规则和决策程序，建立会议记录备案制度，保证领导队伍民主议事、科学决策。二是完善领导干部廉洁从业的有关制度，建立结构合理、配置科学、程序严密、制约有效的权力运行机制，规范各级领导干部的从业行为。三是要坚持正确的用人导向，建立健全一套考察和识别干部的选人用人机制。四是充分发挥团队精神，营造优良的企业文化，凝聚企业竞争力。

（二）建立科学的管理制度

高效科学的管理对于企业而言，不仅能使企业在激烈的市场竞争中站稳脚跟，而且能提高企业的核心竞争力。完善企业管理制度，要对企业内部进行严格管理，努力提高企业绩效，降低企业经营和管理成本，切实促进企业的健康发展。

（三）创建人才培养制度

不断完善人才培养机制，企业才能不断发展进步。企业在进行人才选拔时，要秉着公平公正的原则，广纳贤才。人才在企业文化的建设中具有重要作用，企业要尊重员工，坚持以人为本，一方面，加强人才培养，完善人才培养机制；另一方面，要出台吸引人才的政策，提升人才待遇，利用一切可能的办法将最优秀的人才吸引到企业中来，增强企业的创新能力。在企业的日常活动中，发挥员工的积极性，鼓励员工创新，实现企业经济效益最大化，树立良好的企业形象。企业要真心待人，完善激励制度，对企业贡献突出的员工要给予重奖，以此吸纳更多的优秀人才。

（四）完善有效的监督约束机制

强化企业监督制约机制，是坚持国有企业社会主义经营方向的根本保证。强化国有企业的监督约束机制需要做到以下几点：第一，完善企业领导机制，贯彻党的十九大精神，坚持国有企业党委会参与企业重大问题决策，防止个人滥用职权；第二，理顺监督工作关系，要保证监督的强制性、有效性，企业监督机构就要加强监督权力运作的独立性和相应的权威性；第三，健全监督约束机制，增强用权行为的透明度，将监督权置于阳光下。

第三节　国企管理创新的挑战与机遇

一、国企管理创新的必然性及意义

（一）国企管理创新的必然性

党的十九大报告要求："改革国有资本授权经营体制……培育具有全球竞争力的世界一流企业。"在坚持公有制为主体的基础上，国有大中型企业继续由国家控股，实行投资主体多元化，拓宽融资渠道，通过政策积极帮助集体经济的多元化发展，放宽对国有中小企业的监管，加快国有企业管理制度的创新，促进国有企业的快速发展。

在改革实践中，主要从技术、体制以及科学三个方面推进国有企业的创新，只有这三者相互协调、互相促进，国有企业创新才能实现。在不断推进改革的过程中，国有企业必须建立完善的现代企业制度，包括清晰的产权、明确的权责、政企职能的分离以及进行科学管理。大多数国有企业已经在体制和技术的改革方面取得了重大进展，与此同时，形成了现代企业制度的雏形，在技术和体制改革初见成效的背景下，一大批具有经济实力、竞争力的优势企业逐渐涌现出来。目前而言，国有企业的首要任务是进行管理方面的改革，实现管理创新，在现有的基础上，进一步提高国有企业经济效益。

推进国有企业管理创新，不断为国有企业输入新鲜血液，增添生机。国有企业进行管理创新的必要性取决于其内在性质。

（1）国有企业的管理者代表国家，管理者的创新能力在一定程度上反映了国家的创新能力，因而管理者在企业的创新过程中发挥着重要的作用。一位优秀的企业管理者必须具备良好的个人素质、敢于创新的精神和能力，在面临重大事件时，能果断决策。企业管理者通过对企业管理的多个方面进行改革和创新，不断健全和完善企业的管理制度，提高企业抗风险能力和市场竞争能力，从而促进企业经济效益快速提高。

（2）管理创新就是实现企业各种资源的最优配置，在创新过程中，不断变革和更新分配体制，重新整合人才、资本等生产要素，提高企业的生产效率。人才资源实现最优配置，意味着所有员工从事自己能力范围之内的工作，同时，也能激励员工在工作岗位上尽职尽责。在一家企业的发展过程中，不可避免地会出现一些不利于企业发展的因素，通过管理创新能够去除这些消极因素，并且尽可能吸收有利于企业发展的因素，推动企业向前发展。

（3）管理创新在一定程度上能够对企业产生约束作用。目前各个企业的管理体制在用人、分配以及考核制度等方面都是公开的，体现了管理的公平性。在这种公开、公平、公正的环境下，社会中消极腐朽的思想和行为将会完全暴露出来，人们将会追求健康、美好的事物，这对于国有企业的发展形成一种看不见但又强有力的约束机制。

（二）我国国有企业管理创新的作用

彻底实现国有企业改革是一个十分漫长的过程，并且面临着诸多的挑战，仅仅依靠一方面或几点的创新，并不能彻底改变国有企业经营现状，国有企业在发展过程中仍然存在着其他方面的诸多问题，如市场竞争问题等，在这种情况下，进行管理创新是推进国有企业改革的重要力量。

（1）管理创新在国有企业的改革过程中具有重要意义。国有企业的技术创新和体制创新在许多方面存在不足，而国有企业管理创新不仅能很好地弥补这些不足之处，同时，也能促进企业经营业绩的提高。虽然管理创新在国有企业改革中具有如此重要的作用，但我国国企管理创新长期停留在一个较低的战略地位。党的十九大报告为我国国企管理创新提出了新的要求和更高的挑战。

（2）管理创新对于企业改革意义重大，不仅能加快企业体制的转变，而且能够加快企业建立现代企业制度的步伐。与技术创新和体制创新不同，管理创新对企业经营管理者提出更高的要求，管理者不仅要具有良好的素质水平，而且要具有专业的知识技能，更为重要的是，作为企业的管理者要表现出极强的宏观决策能力，站在专业的角度处理企业问题。换句话说，企业可以通过管理创新打造一支具有实力、专业水准的经营管理队伍，同时，管理创新也能推动国有企业又好又快的发展。

（3）管理创新在一定程度上能够提升企业的综合竞争力，优化企业形象。作为国民经济的重要组成部分，国有企业在我国经济发展过程中发挥着不可估量的作用，因为绝大多数国有企业都与关系国计民生的行业、领域密切相关。当国有企业在体制和技术方面的改革难以继续时，管理创新的重要作用就会凸显出来。企业的管理创新能否顺利进行，在一定程度上取决于企业的文化建设，良好的企业文化不仅有助于企业管理，而且能够提高员工工作的积极性，促进企业技术更新换代，改善企业生产经营状况，提高企业的市场竞争力。在所有类型的企业中，国有企业有国家作为后盾，其进行管理创新的程度应该进一步加强。

（4）管理创新还有利于提升国有企业形象。在过去的数十年间，国有企业依靠国家的支持，对市场变化的反应较为迟钝，市场竞争力显得不足，参与市场竞争的积极性也不高。企业管理创新打造了一种全新的企业文化，从而使国有企业能够更积极地融入整个市场中，面临挑战，参与竞争。这有利于塑造良好的企业形象，促进企业品牌建设和良性发展。

二、国企管理创新的演变过程与面临的体制性障碍

国民经济能否实现快速增长在很大程度上取决于国有企业的发展情况，换句话说，国有企业是整个国民经济的重要支柱。改革开放以来，在管理创新方面，国有企业已取得一定成效。在思想解放和认识不断深化的背景下，国有企业存在的矛盾和问题也逐渐显现出来，为解决问题，国有企业应不断加快管理创新的步伐。目前的经济形势表明，国有企业的管理创新应该主要面向现代企业制度的建设，此外，要想实现社会发展的战略目标，推动经济体制改革的顺利进行，就必须增强大型国

有企业的活力，充分发挥国有企业的主导作用。

（一）国企管理创新的历史演变过程

改革开放之初，四川省最先进行企业管理创新，在几个重要的大型国有企业进行创新试验，努力扩大企业自主经营的权利范围。这成为我国开始实行管理创新的重要标志。到目前为止，40多年的时间，管理创新一直被党和政府视为实现国有企业改革的必经之路，企业的管理创新程度需要进一步加深。为理清思路，在此简要回顾一下我国国企创新历程。

1. 阶段一：放权让利阶段（1979～1984年）

在进行管理创新之前，我国实行的是计划经济体制，因此，在改革之初，国家希望通过向企业放权让利来增添企业活力。20世纪80年代初，国家采取的扩大企业自主权和利改税措施，成为以放权让利为核心的改革形式。在此阶段，国家逐步放开对国有企业的监管权，同时，将企业产生利润的一部分留用企业自身发展，使企业拥有更多自主权和继续发展的利益驱动力，能够更好地适应市场竞争。改革开放后不久，我国经济体制仍然以计划经济为主体，社会主义市场经济尚处于萌芽状态，在这样一个大的经济环境下，国有企业进行生产经营活动时仍然受到政府部门的掌控，缺乏市场竞争意识。一段时间的改革之后，这种局面有所好转，国有企业参与市场竞争的意识逐渐增强，进一步发展的动力机制已经初步形成。

2. 阶段二：两权分离阶段（1985～1991年）

党的十二届三中全会指出：国民经济的主要发展方向在于转变计划经济体制的发展方向，推进以价值规律为核心的社会主义市场经济建设，同时推动商品经济在社会主义条件下不断发展。在商品经济发展的背景下，深化以增强国有企业活力为主要目标的经济体制改革，并重新确立国有企业改革的目标模式：使企业拥有独立法人资格，真正做到独立自主、自主经营、自负盈亏，不断进行企业改革，让企业成为能够履行职责、承担风险的相对独立的经济实体。从这一目标出发，国有企业的改革进入一个崭新的阶段，在这段时间里，国有企业逐渐实现所有权与经营权的分离，并且不断促进政企职能的分离，国有企业逐渐走向市场。在 20 世纪 80 年代末，我国召开的第七届全国人民代表大会通过的法案指出：采取承包租赁的方式来大力推进国有企业两权分离，即所有权与经营权的分离，进一步加快国有企业的改革进程。在两权分离的基础上，国有中小企业采取承包责任制的方式，取得了显著的成效，在一定程度上推动了国有企业的改革步伐。

3. 阶段三：股份制试点阶段（1991～1993 年）

在 20 世纪 90 年代初，我国进行国有企业股份制改革尝试，只有少数企业进行了规范的股份制改革。在 1991 年以后，国有企业股份制改革的范围显著扩大，在之后的时间里，股份制改革达到高潮，并朝着规范化的方向发展。国家为了使国有企业股份制改革更加规范，先后出台了许多规章文件，如 1992 年的《有限责任公司规范意见》、1993 年颁布的《中华人民共和国公司法》等。股份制改革取得的成效十分显著：不仅实现了企业的经营权与所有权的分离，而且初步建立了国有企业内部法人治理结构。

4. 阶段四：开始建立现代企业制度阶段（1993～1997 年）

1993 年以后，根据党的十四大会议精神，国有企业改变原有的企业制度，在建设社会主义市场经济的同时，建立现代企业制度。此外，国有企业改革要纳入社会主义制度的建设中去。现代企业制度的建设阶段面临诸多问题、矛盾，因此，改革难度很大，在实现改革的道路上还要继续前行。

5. 阶段五：国有企业改革与脱困阶段（1998～2002 年）

党的十五大进一步明确建立现代企业制度是国有企业改革的重中之重，规范国有中小企业的改革之路。政府和企业权责分明，国家以其出资额为限分配企业的所有者权益，政府无权干涉企业的生产经营活动，但可以对企业进行监督。企业则自主经营、自负盈亏，必须接受所有者的监督，不能做出损害所有者权益的行为。发展多元投资主体，推进企业政企分离，加快企业经营机制转换，做到抓大放小，切实推进国有企业改革进程。实行优胜劣汰的竞争机制，鼓励企业并购，对连年亏损的企业宣布破产，削减企业员工，提高企业效率。在国有企业取得不错成果的基础上，1998 年，时任总理朱镕基提出在接下来的 3 年时间里，要继续进行国有企业改革，并提高其经济效益。实践结果表明，国有企业改革在 3 年间取得显著成效：现代企业制度建设在大多数国有企业中已经完成，很多企业脱颖而出，成为骨干企业。5 年的时间为国有企业的全面改革做出了充足准备。

6. 阶段六：国有企业改革进入深水区（2003 年至今）

党的第十六次全国代表大会的召开推动了国有企业改革的进一步发展，企业只有大力推进体制、技术、管理方面的改革和创新，不断深化改革，才能实现公有制的多元化。改变单一投资主体，实现投资主体的多样化，在大多数国有企业的发展中，积极推进股份制改革，一些关系国计民生的重要企业仍然由国家控股。建立健全国有企业法人治理结构，在遵循现有法律法规基础上，进一步加快国企公司制改革，积极参与国际市场竞争。鼓励和引导国有中小企业走向国际市场，推动民营经济发展壮大。现有的市场基础和政府出台的相关政策为很多大型国有企业指明了发展方向，即面向规范化和全球化。

（二）我国国有企业管理创新面临的体制阻碍

1. 在推进改革过程中，国有企业面临着很多来自体制方面的阻碍

目前，我国现有的国有企业管理体制存在效率低下问题，由于企业管理体制形成于计划经济时期，具有一定的时代色彩。伴随国企改革程度进一步加深，我国实行的企业管理办法取得较好效果，但实践表明，管理体制中仍然隐藏着很多负面影响因素制约国有企业的发展，不仅阻碍了国有企业管理能力的提升，而且限制了企业市场竞争能力及国有企业国际地位的提高。

首先，政府保底行为退出进程缓慢。按照现代企业制度要求，国有企业进行股份制改革必然要求政府的保底行为从企业中"退出"，即国家放弃对国有企业就业保障或停止对国有企业的全天候财政补贴。国有企业要成为自主经营、自负盈亏、相对独立的经济主体，就必须脱离政府，只考虑企业自身如何更好地生存和发展，而不必考虑政府的意图和要求。国有企业完全剥离和政府之间的关系，专心进行企业生产经营活动。其次，国有企业的管理体制存在产权不清晰、信息不对称等问题，容易引发道德风险。我国的国有企业都是由国家出资兴办，企业只是代表国家行使管理的职能，但目前，在一些地区，国有企业已经为地区所有，企业管理缺乏统一规定。实际上，我国的每一位公民都是国有资产的所有者，正是因为国有资产的产权没有进行清晰的界定，国有企业所有权人缺位，国有资产由于管理不善而出现流失，严重损害了国有资产权益。在国有企业的所有管理关系中，最常见的关系就是委托代理关系，也正是这种关系造成企业利益的损失。在进行委托行为时，委托者不会考虑委托行为是否有利于企业的发展，是否能提高企业的经济效益，而是站在主观的角度，仅仅考虑自身的利益关系。与此同时，代理

者获得企业的管理权力，但国有企业公有制的性质和官员行政体系决定了企业管理人员只承担来自企业上级的责任，而不关心对企业本身应该负有哪些责任。企业的内在用人机制也存在诸多问题，企业内部的岗位设置应该本着加强岗位间协调配合、运转高效的原则，对企业内部人员进行科学合理分配。但目前我国国有企业的岗位设置，不是从生产经营活动的客观需求出发，而是根据企业内部员工情况来分配岗位，甚至有时候还要顾及人情关系，对一些员工采取特殊照顾，导致我国国有企业在岗位设置方面存在诸多问题。

2. 国有资产的归属问题

产权归属问题是一个国家能否顺利实现国企改革的重要因素。在国有企业的产权改革过程中，面临着很多问题，大概可概括为以下几个方面：首先，国有企业的产权界定不清晰，缺乏完善的产权市场。这种不明晰的产权在很大程度上限制了国企改革的进一步深化，同时，也导致企业运行效率低下、国有资产流失等重大问题。其次，国有资产的产权本身就存在一定的不足之处。国家作为国有企业的拥有者，企业的所有者权益是属于每个公民的，但是，每个公民都去管理国有资产也是不现实的，因此，委托—代理关系就必然存在于国有企业经营中，而这种委托代理机制带来的道德风险和逆向选择降低了国有企业的运行效率。最后，企业出现严重的委托代理问题，导致所有者权益遭到损害。此外，国有企业公司治理结构不完善。缺乏完善的法人治理结构，导致企业股权在结构方面表现出不合理性。

3. 国有企业在具体实践中总是兼有政府和企业双重身份

实践表明，国有企业要想真正实现政企分离是极其困难的，这是因为：一方面，国有企业还是国家所有，国家不仅对国有企业的生产经营活动进行监督和行使部分职能权利，而且企业的高级领导人大多数都是由国家直接任命；另一方面，虽然企业在经理层的组织下建立了三会，即股东会、监事会、董事会，但三者之间是相互制约、相互制衡的，其行为仍然受到国家的监督，企业不能独立地进行完全自主的决策和管理。而在考虑到责任问题时，出现了减轻政府责任，还是减轻企业责任的两难选择。国有企业身上肩负的责任重大，而大部分重担最终还是要由政府部门来承担。

以上都是基于国有企业改革中出现的问题做出的分析，目前，国有企业的发展环境不错，但在改革方面，国有企业仍然处于攻坚阶段，面临来自很多方面的挑战。近几年，国内的经济发展取得了不错的成效，呈现出良性发展的趋势，国有企业贡献巨大。

第四节　国企技术创新的瓶颈与突破

一、国企技术创新的现状

国有企业的技术创新是因政府行为的推动和市场竞争环境所致。我国的国有企业技术创新目前主要有以下几个特征。

（一）技术创新深度不够

通过对相关资料的调查，我们发现：有 2/3 以上的来自地域特点差不多，但行业分布各不相同的国有企业都分别进行了技术创新活动。其中，电子信息工业、仪器仪表制造业、化学工业和机械工业等行业所创新的数量多于其他行业。同时，这也说明此类行业是技术知识密集型。

企业技术创新水平的高低，一方面，从企业产品创新的新颖度来看，大多数企业选择了从低水平技术出发，一步一步逐渐创新的方法。另一方面，从研究开发强度来看，2018 年中央企业的研发经费为 4900 亿元，而这只占其整个营业收入的 1.71%，而目前发达国家的平均水平是 2.5%~4%。① 由此可见，我国企业技术创新的总体水平低、创新深度有限导致了企业研究开发强度的水准低。

（二）创新的投入不足

企业技术创新的重点就是建立研究开发机构和投入研究活动所需的经费。与世界发达国家和新兴工业国家产业主体型的研究开发体制相反，之前我国实行的是计划经济体制，这使得研究开发机构和企业之间存在独立性，研究开发经费主要由政府提供，这样的体制与资金链形成了我国企业技术创新能力前进的一个障碍。由于科技体制的改革，研究开发机构开始与企业结合在一起，开发经费的分配结构也发生了变化，从政府主导型过渡到了政府产业双主导型。

（三）创新活动方式相对单一

在国有企业技术创新中，更多是由企业单独进行创新，但是没有将产、学、研三者紧密结合，导致它的预期效果没有实现。我国国有企业自身技术能力、创新能力弱，但其创新的主要方式依然是"本企业独立进行"。形成了我国国有企业创新形式的单一性。2016 年，我国开展产学研结合的企业仅有 4.7 万家，企业将创新科技与高校结合的比例为

① 陈霁. 国有企业应把创新融入企业发展基因 [N]. 经济参考报，2020 - 08 - 31 (7).

31.5%，与研究机构合作的比例为 19.2% 。①

二、国企技术创新的问题与瓶颈

国有企业技术创新主要呈现出压力不大、动力不足、能力不强这三个方面，要想让国有企业技术创新能有更好的发展，就要探析问题成因，找到问题解决办法。

（一）国企缺乏技术创新文化与竞争压力

强烈的市场竞争在无形之中给技术创新带来了巨大的压力和动力。比如说有的竞争对手所处的国家技术创新能力比较强，这就使得它在市场竞争中利用这个优势来提高自己的市场地位，优胜劣汰是市场的生存法则，企业在面临强大对手的时候如果不去创新，加强自身能力，就受到两方面的不利影响：实际的和潜在的。前者主要是如果竞争对手成功地实现创新，会让本企业因产品和服务在市场上失去消费者的青睐而变成弱者；而后者则表现得较为隐秘，让人不易发觉，例如竞争企业的年度投资决策计划、企业管理与激励体制、对企业技术创新强度的投入与分析、企业研究开发投入的规模重点、聘用人员素质的高低等，这些不特定因素会给竞争企业的未来发展带去潜移默化的影响，使企业向良性发展，构成市场竞争优势，为竞争企业增添动力，也能给本企业带来不利影响。可见，技术创新对企业至关重要。

建立现代企业制度是我国国有企业改革的重要目标。企业以独立法

---

① 中华人民共和国科学技术部 . 2016 年我国企业创新活动特征统计分析 ［Z］. http：// www. most. gov. cn/kjtj/201803/t20180320_138657. html，2018 - 03 - 20.

人主体出现，地位得到进一步的巩固与提高，市场竞争的压力能够推动企业进一步的技术创新，成为企业技术革新的主要动力。我国国有企业技术创新也和产品自销率有着密切的关系。在每一个企业中，产品自销率的高低决定着企业市场参与度的高低。产品自销率越低，说明企业就越少地参与市场，对市场竞争的感受程度也越低。反之，则相反。企业在市场中参与程度的高低深刻地影响着该企业在技术创新方面的能力。市场竞争在中国企业技术创新中也扮演了一个非常重要的角色，反映着企业技术创新的进程与成果。

我国企业缺少开展新一轮创新的动力，也就是市场竞争所产生的压力。某些行业中的企业可利用政府的"一纸赋权"，从而获得在市场中的垄断地位和超额利润，使得该企业安于现状，停止能够让企业继续进步的创新，原地踏步。有的创新企业想凭借自己的独特创新发展进入这个行业，但因为行业进入壁垒，企业只能止步于墙外，这便是"坚强"的行政壁垒。这种行政壁垒在无形中破坏了企业之间竞争的公平性，阻止了创新资源在企业与市场之间的流动。创新的东西进不了市场，自然在其中所占的市场份额就小了，创新的带头人不能将创新的好处充分展现给消费者，创新企业在产品和技术上的规模效益也无法施展。创新是一项有风险的活动，出于资本家经济人的角度（以追求利益为目标），只要有利润，他们是不会选择去进行创新的。但从技术水平方面看，他的不创新自然会导致自己远远落后于创新企业。但综合来说，行政壁垒对企业创新的负作用更大，它使得一些想努力创新的企业也被淘汰。

（二）缺乏技术创新动力与激励

激励机制，即激励制度，是运用系统化的制度措施表达激励主体与客体关系的方法和制度安排，是调动员工积极性的各种奖酬资源。它可以使员工的行为与企业目标站在同一战线上，使每位成员的潜能得以激发，也可以给从事技术创新的人员和组织带来创新的动力。

经济人的行为主要与利益挂钩，无利而不为，同时，经济人建立的激励机制也是以自身利益为主要出发点的。追求最大利润是经济人一直坚定的目标，所以，他们就把企业技术创新激励机制的核心放在为实现组织的目标而进行最有效的创新上。

企业的创新离不开经营者、管理者、开发人员、技术工人等共同的努力，他们也因为实现企业技术创新这个共同目标而会聚在一起，共同组成了这个创新者队伍，在这个队伍中，有企业的经营者，比如厂长、经理；有一般的管理者，负责对企业的计划、生产、营销、财务、人事等进行管理，为技术创新过程提供保障，确保企业价值得以实现；有研究开发人员专门为企业的产品进行研究，从而获得更大的突破；还有技术工人负责对新产品进行生产等。

技术创新离不开各个部门的共同努力，每个部门、每个环节和每个员工都是不可或缺的。这就需要一个非常优秀缜密合理的企业制度来加以配合，它不仅可以让企业员工感受到主人翁地位，还可以激励员工，增强团队精神凝聚力。因此，我们对国有企业技术创新的过程做了一个探索，我们发现对我国人力资本发挥潜力产生制约的因素主要包含两个方面。

1. 不合理的科研体制束缚了科研人员的积极性及创造性

我国的科研人员自主选择专业的空间小，自行创业的可能性小，科研人员的积极性受到抑制，工作效率低、缺乏创新动力。新中国成立后，我们模仿苏联，照搬其科研体制，创造统一的科学研究体系管理制度，对以研究为工作的专业人员实行生硬式的统一管理，他们的研究课题由政府制定，按照政府制定的规划和计划进行，工资也是按与国家雇员统一的工资标准领取，在无形中将他们都固定在了一个研究框架内。这种固定模式的科技研究制度在改革开放之后有了一点点变化，政府不再对研究人员的择业问题严加规定，还提高了研究人员物质待遇，改善了研究人员的工作环境，但仍然没有合适的环境能够让他们的才能得到自由发挥，甚至离这种条件还很遥远。科研人员的低收入、升迁机会有限、分配平均化等问题仍然是一种普遍现象。

2. 国有企业经营者的任用及激励方式不利于其职能的发挥

（1）经营者的产生方式。目前，我国国有企业经营者的选拔及产生方式发生改变，相比于之前有2/3左右的经营者是由行政安排的，比例有了明显的下降趋势。我国经理人市场及经理人员的竞争机制还没有建立，这就使得政府依然是国有企业经营者任命权的最大掌握者，这没有发挥市场竞争的积极作用，导致有效的经营者选择制度的建立难上加难。

而以私人产权为基础的企业制度对经营者的选择就较为客观。企业的所有者会将本企业和同行业其他企业盈利状况进行比较，以强胜弱退的准则，理性地判断现任的经营者能力大小，所有者是经济人，若经营者的盈利状况比同行业的好，那么经营者会被授权继续任职和获得丰厚的奖励，如果经营者的盈利状况比同行业的差，那么经营者就会被罢免，另谋其职。

（2）经营者的激励方式。企业经营者之所以推动技术创新最主要还是出于自己对潜在的超常规利润的追求。在国有企业中，经营者薪资等各方面都出现一种普遍较固定的现象，缺乏必要的激励与约束，可以说他们失去了创新的原动力。

创新是一种高度复杂、困难的工作，需要投入的精力和时间非常多，在创新过程中付出的成本也很高。倘若经营者选择创新，一方面，他无法通过分享自己的创新利润而增加自己的收入；另一方面他也没有权力调动必需的资源进行创新。所以，出于对利润创造的考虑，国有企业的经营者是不会选择去创新的。

"制度创新""综合配套"的改革新阶段为企业所处的内外部环境带来了一定程度的改善，给企业技术创新的开展增添了新动力，推动了创新的新进步。不过仍然存在着一个较为棘手的问题——对国有企业经营者的激励与约束。这一问题长期以来一直困扰着国有企业，使得企业技术创新的积极性被削减。年薪制正在全国试行、推广，市场按经营者的人力资本的价值决定了他们的年薪，而国有企业经营者的年薪则是取决于政府的行政偏好。在这种行政机构的束缚下国有企业经营者的年薪就会较为稳定，不高也不低。我国劳动部的相关规章制度对企业经营者的年薪明确规定最高额度，能接受的只能在超过企业职工平均收入的4倍范围内。该制度的建立缩小了企业经营者的年薪与职工工资之间的跨度，使得企业经营者的年薪有了一定的上限。也就是说，企业经营的当期效益越高，所创造的利润就会越多，员工和经营者获得的利润分红也会越多，与资产经营责任制是一样的道理，企业经营者能够得到的收入就越多。但这也会让急功近利的官员有了可乘之机，导致他们在做重大决策时有私心，被短期的高额利润吸引并最终冲动做出错误决定，使企业利润受损。因此，国有企业技术创新道路困难重重，技术人员得不到应有的回报与鼓舞，创新动力少，效率低，有关创新的约束制度不完善，创新政策不明确、不具体。

第五节 国企创新行为局限、整合与探索

一、国企在创新方面的局限

我国过去长期实行的计划经济体制，在一定程度上严重阻碍了国有企业创新能力的提升。国有企业的企业文化带有严重的计划经济色彩，政府部门为国有企业设立了诸多不合理的发展目标，社会对国有企业未来的发展施加过多不切实际的期望，这些因素都极大地制约了国有企业的发展，更为重要的是导致企业的创新能力不够，生产力严重落后于世界上的其他国家。

（一）创新动力不足，激励机制不完善

我国国有企业的创新动力不足体现在诸多方面，如体制创新不足、技术创新不足、管理创新不足等。而其中技术创新能力的不足表现最为突出，导致技术创新能力不足的部分原因在于技术创新本身的特点，主要包括：一是创新持续周期长，风险程度高；二是从短期来看，企业目前仍然能够实现盈利，可以满足暂时的生产经营需要；三是企业经营者只关心自身的利益，而并不考虑企业未来的发展速度，对于企业是否进行创新持中立态度。完善的激励机制也是提高企业创新能力的关键因素，通过对企业技术团队的精神激励和物质激励，不断提升企业的创新能力。

（二）体制机制严重束缚国有企业创新潜力

国有企业的发展受到来自体制方面诸多因素的限制，不论是技术方面，还是管理中存在的不足，都不可避免地阻碍了国有企业的进步。通过市场配置人力、资本等生产要素才是对国有企业发展最有利的，而在我国并非如此。以技术创新为例，在必要资源的合理分配、技术成果的保护、授权等方面，国有企业受到了体制方面的诸多阻碍。

（三）西方国家的限制与封锁

一直以来，西方资本主义国家一直对中国国有企业的发展进行打压，它们此种行为的目的在于防止外国企业威胁本国企业的发展，加强对本国市场的保护。西方国家以保护国土安全、国有企业非市场化等为借口阻止外国企业进入本国。我们能够理解由于中西方各国的企业制度和管理体制不同，导致企业的管理方式不同，但事实却是西方资本主义国家想要堵死中国企业的技术创新之路。更有甚者，他们与一些贸易合作国联合起来，在技术创新方面为中国设置障碍。打压我国一切可能威胁到他们的技术创新，目前，美国对中国中兴和华为的打压就是最好的证明。

（四）对人才重视程度不够，引进人才力度不足

目前，在选择就业单位时，许多优秀的人才，特别是年轻的创新人才，往往会将国有企业排除在选择范围之外。通过数据来说明情况往往更加一目了然，国家实施的千人计划中，企业共引进上千人，但只有不到百分之五的人才选择进入国有企业工作，其中进入国企的青年人才更是少之又少。造成这种情况的原因多种多样，首先，国有企业缺乏刺激技术创新的良好环境；其次，国企没有意识到企业创新具有极其重要的

战略意义；再次，更重要的是国有企业没有形成以人为本的企业文化，没有意识到人才对于企业发展的重要意义。

二、国企创新的机遇

任何事物都有两面性，在获得的过程中一定会失去一些，企业发展也是如此，当国有企业面临着巨大的挑战时就可能会有更好的发展机会。国有企业拥有的发展机会主要包括以下内容。

（一）国家创新驱动发展战略带来的机遇

国家实行创新驱动战略，为国有企业创新提供了良好的发展契机，国家创新驱动战略要求在税收、分配等方面进行改革，朝着有利于国有企业技术创新的方向转变，这对于国有企业而言，是绝佳的机会，可以在技术创新的道路上前进一大步。

（二）国内市场的扩大和需求的增多带来的机遇

改革开放以来，人民生活水平显著提高，加上我国经济结构改革步伐的加快，人们已经不再满足于目前已有的产品，他们对于一些新奇的产品、工艺往往更加钟爱，这更加坚定了国有企业进行技术创新的决心。

（三）发展中国家和新兴经济体带来的机遇

随着经济的进一步发展，很多国家，特别是那些正在发展中的国家，对一些重要的生产要素如技术、人才等产生巨大的需求，这为国有企业创造了全新的发展空间，因为国有企业在培养专业人才、引导人才走向国际、进行产品的技术创新等方面具有很大的发展潜力。

（四）发达国家可能带来的机遇

对于国有企业来说，无论世界上其他国家经济发展状况如何都存在着有利于国有企业发展的有利因素。以西方发达国家的经济状况为例，当西方国家的经济不景气时，我国国有企业可以通过借鉴这些国家的技术创新成果，为自身今后的发展进行技术储备；当西方国家的经济处于高涨时期，我国可以打开国内市场，如人才、技术市场，同时学习外国先进技术，为企业发展助力。

（五）新一轮科技革命和产业变革可能带来的机遇

近年来，科学技术发展取得了巨大进步，过去那些不可解释的现象和技术手段现在都能给出合理的解释，由此可见，不断突破、实现创新已经成为社会的大势所趋。

三、国企创新行为尝试与探索

在实现企业创新的过程中，国有企业要努力扮演好核心角色，努力提高自身的生产力水平，要充分意识到生产力是影响企业创新的重要因素。形成以国有企业为骨干的企业集团，并使该集团保有极大的自主权，不断提升企业的国际地位以及国际竞争力。

（一）进一步深化国有企业改革

不断加快国有企业改革进程，需要做到：一是转换企业的发展重心，促进企业发展技术导向型经济；二是不断吸收国外的先进技术，同时也要积极吸纳国内外优秀的创新人才，切实为企业创新储备力量；三是深化混合所有制改革，实现国有企业效率提升。

（二）以市场为资源配置主体，大力发展中国特色社会主义市场经济

充分利用市场的导向作用，促进资源的最优配置。与此同时，利用国有企业在国民经济中的重要地位，积极鼓励和引导国内国有企业的快速发展。

（三）掌握核心技术，加大研发投入

不得不承认，发达国家在技术援助方面具有一定的示范效用，将产品、商品等贸易活动与技术援助结合起来，利用二者的连带关系切实提高我国技术援助在整个援助国外活动中的比例。

（四）加强基础教育，培养技术、工程、数学等领域顶尖人才

大量的创新和发展离不开各类人才的重要贡献，企业应该树立以人为核心的经营理念，采取有效的措施培养和吸引各领域的优秀人才加入企业；而政府部门应该鼓励国内各个高校的科研人员参与到企业的改革创新中，从实际出发，增加基础教育投入，培养更多优秀人才，切实解决企业发展中遇到的问题。

（五）实验国有企业员工持股

员工持股作为激励员工生产积极性的措施备受企业欢迎。特别是国有企业，由于公有制性质不能动摇，员工作为主人翁地位需要用实践手段体现，员工持股的方式为国有企业激励制度创新提供了可能性，为激发更多员工工作积极性提供了形式保障。

第六章

民企创新行为评析

第一节　民企创新行为定位

一、民企前期发展情况概述

经济学界在界定民营企业问题上持有两种不同的看法：一种是将民间私人投资、私人经营、私人享受投资收益及私人承担风险的法人经济实体称为民营企业；另一种是相对于国营而言的企业，按照所有制形式的不同，可分为国有民营企业和私有民营企业。其中国有民营企业的产权归国家所有，经营者按照市场经济的要求自己筹集资金，自主经营、自担风险、自负盈亏；私有民营是指个体企业和私营企业。

从民营企业的建立类型来看，我国民营企业可分为三种：个体起家，并由家庭成员投资兴办的家族企业；个体与朋友、同事合办的合伙企业；以及国营或集体企业通过买断转型的企业等。可以看出，民营企业大都有由一人或少数人持有所有权，其股权社会化程度较高，股权结构也相对分散。因此，民营企业虽然具有市场化程度高、经营灵活、社会负担轻等优势，但民营企业在发展过程中，不可避免地存在一些问题。

发展初期，民营企业存在"先天不足，后天受限"的发展问题。"先天不足"指的是民营企业是从社会夹缝中生长起来的，它是在受压迫、受挤压的社会经济中谋求发展。因此，我国大多数民营企业规模较小，分布分散，抗风险能力差，其中一些家族式民营企业，由于缺乏完善的管理体制和决策体制，对稳定的市场环境依赖程度较高，特别是随着世界经济一体化进程的加快，一旦市场经营环境发生变化，出现不确定性情况，一些民营企业将很难适应。"后天受限"是指民营企业由于其自身特点，在筹集资金等方面会受限制。我国民营企业融资难分为内部原因和外部原因，内部原因即自身原因，主要有企业经营状况不佳，资金补充能力差，企业管理不规范，缺乏资产管理、监察和运营机制等；外部原因主要涉及国家政策导向、市场环境及银行等方面的原因。

二、现阶段民企的发展环境

改革开放以来，中国民营经济的发展逐渐向前。江泽民同志在党的十五大报告中指出，建设中国特色社会主义的经济，坚持和完善我国的基本经济制度。党的十六大报告首次提出关于公有制和非公有制经济的两个"毫不动摇"。党的十七大报告进一步提出了关于引导和支持非公有制经济发展的新观点——"两个平等"，即坚持平等保护物权，形成各种所有制经济平等竞争，相互促进的新格局。党的十八大在深化改革开放、全面贯彻落实科学发展观、加快转变经济发展方式等方面的深入探索，提出"构建亲清新型政商关系，促进非公有制经济健康发展和非公有制经济人士健康成长"，首次强调了在非公有制经济中不断奋进的经济人士，开创了民营经济发展的新局面。在面临国内外经济不确定的形势下，党的十九大再次重申了基本经济制度，并首次提出支持民营企业发展，把经济的着力点放在实体经济上，并在进行商事制度改革和打破行政性垄断的基础上，加强对中小企业的创新支持，进一步为民营企业发展注入新动力。

经过40多年的改革和发展，我国民营经济发展从无到有、从小到大，已经占据中国经济的半壁江山。民营企业作为社会主义市场经济的重要组成部分和我国经济社会发展的重要基础，它都是中国经济增长最具活力的源泉。所以，重视民营经济与民营企业的发展，为两者的发展创造一个良好的环境是国家当前面临的主要问题。

现阶段，国家对民营企业的发展环境进行了以下优化：首先，为加快经济发展，推动经济体制改革，近年来国家出台了许多有利于民营企业发展的政策，民营企业的社会地位不断提高。其次，国家实行"营改增"的税收政策，很大程度上解决了企业"税负重、成本高、融资难"的问题，对中小高新技术产业进行了产业结构调整，提高了其产品的技术含量和附加值。再次，企业重组兼并、小微企业税收优惠等政策的实施，降低了民营企业的融资成本，在一定程度上解决了民营企业融资难的问题。最后，逐步完善了有利于民营企业发展的法律法规。党的十六大以后，国家通过了新法修正案，进一步明确了国家发展非公有制经济的方针。

三、民企创新发展的必要性

改革开放 40 多年来，民营企业在国民经济中的地位日益重要，实力也越来越强。截至 2020 年 3 月 15 日，我国实有企业 3905 万户，个体工商户实有 8353 万户，农民专业合作社实有 219 万户。① 此外，2018 年全国固定资产投资（不含农户）635636 亿元，其中民间企业对固定资产投资的完成额达到 394051 亿元，其投资比重达 61.99%。

由表 6 – 1 可以得出，第二产业和第三产业的投资额度远大于第一产业的投资额度，民营企业固定资产投资的主体方向是高新技术产业。但据统计，中国民营企业平均寿命只有 2.9 年时，每年约有 100 万家民营企业倒闭，60% 的企业将在 5 年内破产，85% 的企业将在 10 年内消亡，能生存 2 年以上的企业只有 10%；即每天有 2047 家企业倒闭，平均每小时有 114 家企业破产，每分钟就有 2 家企业破产；大型集团的平均寿命也只有 7.8 年，其中有 40% 的企业在创立阶段就宣布破产。② 由此可知，中国民企不单是生命周期短，能够做大做强的也很少，故企业的持久性发展是企业创新的前提。当前我国经济发展处于 "三期叠加" 时期，即经济增长换挡期、结构调整阵痛期和前期刺激政策消化期，故在现行经济环境下，民营企业要想保持稳定发展，供给侧改革刻不容缓。

---

① 国家市场监管总局. 全国市场主体 1.25 亿户　8000 多万个体户带动 2 亿人就业 [Z]. http://www.samr.gov.cn/xw/mtjj/202003/t20200323_313379.html.

② 黄孟复. 中国民营企业发展 No.1（2004）[R]. 北京：社会科学文献出版社，2005.

表 6-1　　　　　　　　　民间固定资产投资完成额　　　　　　　单位：亿元

年份	第一产业	第二产业	第三产业	累计
2014	9562	161731	150282	321575
2015	12730	176870	164407	354007
2016	15039	182507	167673	365219
2017	16911	186404	178194	381509

资料来源：国家统计局。

四、民企发展的目标

党的十八大报告中明确提出实施创新驱动发展战略，而民营企业在我国经济中占有举足轻重的地位，因此，其创新水平也成为影响国民经济发展的重要课题。民营企业是市场经济中最具活力的微观主体，其经营目标可以从三个层面加以剖析。

（一）企业层面：经济利益最大化

不同于国有企业，民营企业有着自身的经营模式和经营目标，从微观经济学视角看，企业经营目的是使生产要素最优化配置，达到帕累托最优状态，从而实现自身利润的最大化，即为了经济效益的提高和利润目标的实现。因此，多数管理阶层更倾向于把企业利润放在第一位；而在经营过程中扩大企业规模，引进新技术、新设备，提高生产劳动率，提高资源的使用效率，提高管理阶层的自主决策能力和财务管理能力等，其最终目的是实现企业利润最大化目标。在不同规模时期，企业目标也是不一样的，按照功能可分为市场目标、发展目标、生产目标、服务目标、成本目标、效率目标；按时序可分为远期目标、中期目标和近期目标。

（二）社会层面：利益最大化下承担社会责任

企业社会责任是指企业对其利益相关者所承担的社会责任，不仅包括企业内部的员工、股东，还包括企业外部的消费者、供应商，以及企业所能影响到的其他社会主体等。因此，社会层面上，企业不应只简单考虑自身的利益最大化，还要考虑企业获利所产生的外部性，需要强调企业对环境、消费者、社会的贡献。随着经济和社会的进步，企业不仅要对赢利负责，而且要对环境负责，并承担相应的社会责任。

（三）国家层面：进入创新型国家行列

建立国家创新体系，走创新型国家之路，已成为世界许多国家政府的共同选择。党中央立足国情，首次把推进自主创新、建设创新型国家作为落实科学发展观的一项重大战略决策。党的十八大进一步提出了我国建设创新型国家的总体目标，要实施创新驱动发展战略，并力争到2020年进入创新型国家行列，为实现中华民族伟大复兴提供强有力的智力支撑。而且，党的十九大进一步阐述了创新驱动发展，并强调了要激发全社会创新的活力。

第二节　民企管理创新的发展与完善

我国已步入新时代，它一方面给民营企业带来了发展契机；另一方面也使民营企业处在激烈的市场竞争中。民营企业不仅要与国内的国有企业、集体企业竞争，而且要与外商投资企业、国外大企业进行竞争；不仅要进行产品竞争，而且要进行技术竞争、市场竞争、服务竞争、信息资源竞争等。面对现阶段长时间、大空间、全局域的多维竞争，民营企业想要立足就必须进行管理创新。只有进行管理创新，才能激活人力资源，进而激活其他资源，做到人尽其才、地尽其利、物尽其用、信息畅流，全面增强企业竞争力，使民营企业在夹缝中求生存，在竞争中求发展，立于不败之地。民营企业要抓住新时代这一时机，发挥自身的优势，进行管理创新。本研究从以下几个方面阐述民营企业管理上存在的创新问题。

一、培植企业文化

企业文化也称为组织文化，是 20 世纪 80 年代以来从企业管理科学理论中分化出来的新理论，它作为一种管理观点出自日本企业，而理论则源于美国的管理科学界和企业界，它是一种在从事经济活动的组织中形成的组织文化，它所包含的价值观念、行为准则等意识形态和物质形态结构均为组织内部成员所认可。塑造企业优秀的管理文化，形成企业的管理特色，能够提高管理效率，使企业领先于他人，因此，企业文化的建立、发展和创新是民营企业做强做大的重要保证。

（一）民企文化创新的意义

1. 企业文化显著影响民营企业的持续发展

随着经济全球化进程加快，处在全球市场环境中的民营企业将面临更严峻的市场挑战，企业文化及其在企业内部员工中形成的企业核心价值观将成为一个企业的核心竞争力，良好的企业文化将为企业塑造良好的社会形象，并使企业在未来发展过程中立于不败之地，实现长久发展。

2. 企业文化的塑造将与企业经营管理活动密切相关

现阶段，企业在进行自身文化塑造时仍存在一系列问题，首先是与企业经营的产品或服务所彰显的理念不相符；其次，在企业文化建设的过程中过于注重追求外在的东西而忽略其精神内涵。很多企业不知什么是真正的企业文化，更不知道如何建立自己的企业文化，当看到其他企业在企业文化建设方面取得收益后，便盲目地搞企业文化，忽视了自身的企业特色，更有些企业将企业文化和企业精神画等号，没有抓住企业文化建设的实质和根本内涵。因此，企业的价值观根植于企业经济管理活动中，企业经营的产品和服务理念只有与企业价值观相契合，才能在促进企业文化发展的基础上，实现企业经营管理活动的发展。

3. 企业精神独具特色和富有文化底蕴

过去我国企业只注重挂在墙上的标语和挂在嘴上的口号，缺乏企业自身特色。随着社会文化的多样化和企业文化建设的深入，企业精神在融合社会文化共性的基础上，突出企业个性，不同企业文化是在不同文化背景下企业独具特色的管理模式，是企业的个性化表现。因此，企业文化建设要求其有自身独特的文化魅力，不能简单地复制。

4. 企业文化建设的核心是建设特色的企业价值观

现代企业的竞争归根结底是人力资源的竞争，在企业文化建设中，要把精力投向人，大力加强"人"的建设，要让每个管理者、每位员工在学习和深化企业核心价值观的同时，在经营管理活动中践行企业核心价值观，形成优秀的企业文化，营造良好的企业氛围。

（二）如何建立现代民企文化

1. 促进企业经营理念创新

民营企业要想在新时代下实现创新发展，进而在国际市场占据一定的市场份额，就需要民营企业弱化家族企业文化观念的影响，创新企业经营理念，实现民营企业现代管理制度变革；要改变传统企业管理层级森严的弊端，以人为本，营造和谐、平等的企业内部运行环境；要重视企业内部非正式组织所形成的企业亚文化，引导亚文化服务于企业核心价值观，使之成为企业文化的重要来源。因此，民营企业在实现经营理念创新时，要把握企业核心价值观的塑造，培育适应新时代的企业核心价值观，从而在企业经营管理活动中践行核心价值观，在社会范围内塑造良好的企业身份和企业形象，如此才会促进企业各类资本的积累和增值。

2. 推动企业文化制度重构

作为一种柔性管理制度，企业文化在人员管理方面与传统的刚性管理制度相辅相成。一方面它的形成和完善依赖于刚性管理制度，需要刚性管理制度发挥规范和约束作用；另一方面它又是刚性管理制度的深层次发展，刚性管理制度的最终目的是要实现企业柔性化管理，即依靠企业文化实现内部人员的自我约束与发展。因此，推动企业文化制度重构需要做到：

一是努力建构和丰富属于民营企业的文化符号。制度不仅仅是物质实践的产物，更是一种文化符号。不同于国有企业，民营企业需要在经营管理活动中建构属于民企特有的文化制度，这些文化制度内嵌于企业活动中，并在企业经营过程中向外界、向员工传递出属于民企特有的文化符号，故在此基础上形成文化符号系统，并对它们进行有效管理，是健全企业文化制度的首要要求。在文化符号系统形成的过程中，要克服和改善文化符号散乱、自发、无系统等问题，以及系统内要素不齐全、层次不高等问题，增强企业文化符号系统对市场的适应性，确保企业文化符号不仅能够在企业内部实现传播，而且能够在社会范围内得以传播，并为社会成员所认可。因此，企业管理者要深刻认识到文化符号对企业员工起到的精神规范作用和激励作用，在企业经营管理活动中逐步完善企业的文化符号系统，使民营企业的文化符号真正发挥作用。

二是搭建文化沟通网络系统。文化沟通网络系统是企业文化管理的重要构成部分，它在企业中起着传达与控制企业信息与文化的作用。文化沟通网络系统搭建的前提是民营企业能够形成健全和可识别的文化符号系统，文化沟通网络系统就是在此基础上，通过对企业具体文化符号的编码与解码，实现文化符号在网络系统内的实时传输。此外，民营企业的管理者一定要在网络系统中发挥引导作用，起到保障作用，促进文化符号沟通路径的顺畅，营造良好的文化沟通与交流氛围，促进文化符号在整个企业内部网络中的传输。

二、科学有效民主决策机制

近年来，我国民营企业发展迅速，其规模与数量均在不断扩大，为社会主义市场经济的繁荣发展做出了巨大贡献，但民营企业管理者的决策水平普遍不高，许多民营企业发展初期都是以家庭为单位的家族企业，管理模式陈旧、技术落后、缺乏发展的新动力，缺少规范性的企业知识与技能运用能力，难以做到科学决策，导致民营企业管理决策存在许多问题，民营企业的长久发展也受到阻碍。

（一）现行民企的决策机制问题

1. 决策者独断专行

民营企业较为普遍的管理模式是"家族式管理"，管理者一人独断。这在企业初创时期有增强企业内部亲和力、迅速对市场做出反应、降低决策成本的优点，也是许多企业抓住市场机遇、迅速发展壮大的成功因素之一。但是，事物发展都是辩证的，在前期可能是推动力，到后期则可能会成为障碍。随着企业发展与规模的扩大，企业必然要进行横向或纵向扩张，为降低市场风险也要实现多元化经营，这时由于企业家管理能力的局限性，个人做出正确决断就会变得日益困难。

2. 管理知识欠缺

由于客观历史条件的原因，我国大多数民营企业家都是白手起家，没有受过高等教育，也没有全面系统地学习过经济管理知识。他们的管理经验和方法是在实践中摸索出来的，其中有些是科学有效的，有些并不合理，但他们本人未能意识到这一点。如果企业家养成刚愎自用、经验主义的管理习惯和思维模式，这会给企业带来巨大的经营风险。西方跨国公司正大规模地进入中国市场，外企的高薪吸引了国内一大批管理和技术顶尖人才，外企的著名品牌对消费者也有强大吸附力，雄厚的资金、先进的技术和灵便的信息使外企能迅速进入和抢占市场，不给竞争对手留下生存空间，国内著名商标逐渐销声匿迹已说明了这一点。因此，民营企业今后将面临更严酷的市场竞争环境，靠经验主义的管理方式将很难在市场上立于不败之地。

3. "非姓刘不封王"

家族式管理和企业内部裙带关系使民营企业不能建立和执行科学合

理的规章制度，无章可循、有章不循、以情代法、任人唯亲等特征在家族企业中具有普遍性，致使家族企业难以吸引和留住优秀的管理人才，无法改善管理人员的结构和素质。在多数民营企业中，"打工者"和"雇工者"界限分明。作为雇主家族亲系以外的企业员工，即使具有较高的管理知识和专业技能，也难以进入企业决策层，由于没有公平合理的人才考核和选拔制度，一些有能力的优秀人才抱负难展，最终会弃此他就，高薪酬也无法吸引和留住这些人才。

（二）如何建立科学有效的决策机制

1. 聘请职业经理人

民营企业家可以从高等院校或经济研究机构聘请经济管理领域的专家学者做企业顾问，帮助企业完善管理规章制度、制定发展战略，参与企业重大经营决策。这样做有其优点和可操作性：一方面，可以实现企业家和专家学者的知识互补。民营企业家因为长期从事某一领域的经营运作，往往具有该领域较丰富的专业知识和管理经验，但缺乏对宏观经济发展规律的分析把握，而专家学者却善于对经济周期、长期经济发展趋势和经济结构变动进行分析判断，熟谙管理原则和各种管理模式，这有利于企业制定发展规划、做出正确经营决策以至规范内部管理结构；另一方面，专家学者较高的社会地位、相对独立的经济地位、理性的分析态度以及他们对科学见解的执着也能使他们直言不讳，故能发挥企业内部员工难以起到的特殊作用。他们"旁观者清"的观察分析能够避免企业的重大决策失误。

2. 企业内部实行分权制

当企业规模发展到跨越地区、跨越行业时，有必要形成各地区、各行业负责人相对独立的管理指挥权，不宜再把企业决策指挥权集中在一人或家族人员手中，那样就容易造成决策滞后、脱离实际，决策风险变高，可能造成企业全局性被动。各地方、各行业的经济实体，作为相对独立的子公司，要实行"专家治企"，聘请熟悉本地区、本行业的管理人才负责。子公司的经营活动和经营成果对母公司负责，各自独立决策、独立经营，同时又相互配合、相互支持，这样即使个别子公司出现决策失误和亏损，也因分散了经营风险而不会危及整个集团的生存和发展。

从长远发展来看，大型民营企业要克服管理体制方面的缺陷，就需要把企业改组成股份公司，由董事会集体决策，任用专家管理，实现经营权和所有权的相对分离。但考虑到许多民营企业家害怕失去对企业的控制权和指挥权，现阶段他们难以认同这种观点，也不愿向社会公开企业的经营活动，特别是财务状况，故本书在此提出了上述两条过渡性的建议。实际上，民营企业改组成股份制公司并不意味着民营企业家失去对企业的控制权，只是减少了决策的随意性和盲目性，而且也可以提高企业的资金运筹能力，加速企业的发展。因此，在企业发展到一定规模时，有战略远见的民营企业家要"拿得起，放得下"，不应局限于现阶段的一些既得利益，要及早考虑企业的股份制改革，把企业引上一条发展的康庄大道。

三、管理模式创新

继党的十八大提出实施创新驱动发展战略后，全国鼓励推动实施大众创业、万众创新的"双创"深入发展活动。现阶段，企业经营模式仍是高度集权的管理模式，即老板雇用员工的上下级管理模式，这类集权式的管理模式严重抑制了员工的创造性，阻碍了企业创造活力的发挥。

(一) 传统管理模式的弊端

1. 忽视云计算大数据技术应用

传统企业管理模式中，很多企业，尤其是民营企业的管理者一方面没有意识到大数据时代到来所带来的经济、社会层面的诸多变革；另一方面也尚未认识到云计算和大数据技术所带给企业发展的巨大推动力，认为大数据是对企业相关数据进行简单的整理和归纳，并且受民营企业自身资金的限制，也尚未好好开发和挖掘企业的云计算。但是，现如今技术的迅速变迁要求民营企业改变传统管理模式的弊端，充分发挥大数据的作用和优势，抓住大数据提供的机会，让企业能够获得良好的发展前景。

2. 企业商业化和智能化程度不足

由于民营企业并未意识到大数据和云计算技术的重要性，故传统民营企业的智能化和商业化程度并不高。并且，随着大数据时代的到来，传统管理模式早已不适应现如今的商业化和智能化大环境，但民营企业又尚未达到较高的商业化和智能化程度，这就导致民营企业在自身经营管理活动中无法面对大数据时代到来所带来的冲击，不能很好地应对挑战和抓住机遇，而是在传统管理模式中止步不前。

3. 企业信息化水平低

依托互联网技术的迅速发展，因人与人之间的沟通以及信息数据的获得和传播速度等带来的成本对企业发展的制约程度逐渐减弱。民营企业需要面对和处理来自企业内外部的大量信息，但由于传统管理模式的限制，民营企业信息化水平低，一方面无法实现对企业相关信息的快速有效收集；另一方面也无法实现对这些信息的快速有效处理。在当前信息化水平飞速发展的今天，任何民营企业如果不能在企业发展过程中积极实现企业信息化，就会滞后于市场发展，被市场淘汰。

（二）对现有管理结构的思考

1. 正确审视企业家精神

新时代下要重构企业管理结构，首先需要企业家和高层管理者拥有企业家精神，并拓宽企业家精神的内涵。企业家精神是企业管理者的核心所在，也是企业文化形成的重要来源。首先，企业家要善于把握市场关键信息，精准定位未来市场发展方向，进而为企业制定出合理科学的发展战略，引导企业占领市场先机；其次，企业家要善于激发群体智慧，通过企业团队合作，让员工能够真正参与到企业经营过程中来，增强员工对管理者的认同度和对企业的归属感；最后，企业家应具有社会责任感，民营企业的企业家应该认识到民营企业在中国经济中所发挥的重要作用，要自觉承担起社会责任。

2. 打造和完善科学合理的人力资源管理新体系

现有管理结构中单纯依靠企业家是无法实现根本性变革的，需要企业员工的协同工作才能实现，故对人力资源的全新管理是现代企业需要思考的。一个企业在构建人力资源体系时不仅需要从员工职业生涯发展的角度去考察，还需要从企业经营管理、从企业治理结构的角度去考察，以适应员工自身发展和企业战略发展。并且，人力资源的基本目标是要实现企业治理结构的优化，而人力资源管理又需要各个层级、各个部门的管理者参与其中。因此，企业科学合理的人力资源管理体系需要让各层管理者都来承担，以促进治理结构的优化。

3. 用自组织方式实现企业有序管理

在互联网经济迅速发展的今天，企业将会面临日益复杂的不确定性环境，从而导致企业内部的无序与混沌，而企业的自组织方式则可以依托自组织理论所研究的系统演化规律，实现企业内部从最初混沌无序状态向稳定有序状态转变。自组织方式一方面要求企业是一个开放的系统，即能够与外界进行物质、能力和信息的传输与交换，而这就进一步要求企业具有较强的信息和数据处理能力；另一方面要求企业内部存在非线性的相互关系，这种相互关系就会促使企业调整原有管理模式，实现企业各层级、各部门的协同运作。

（三）探索更为合理的管理经营模式——合伙人经营模式

合伙人经营模式是从经营的角度加以阐述的，目的是解决企业中关键核心人才的吸引和保留问题，合伙制在工业化早期比较流行，具有"共同出资、共同经营、共享利润、共担风险"的特征，即业务交易关系和治理交易关系是相辅相成的。合伙人商业模式，本质上是希望让不同生产要素的利益主体都能拥有所有权，该商业模式能够通过实现不同利益主体的共治和共创，实现最终的共赢，同时也让员工在实现共赢的过程中获得更多的参与感、荣辱感、幸福感。

第三节　民企技术创新的模式与效益

一、民企技术创新的必要性

（一）制约民企技术创新的因素

我国经济的发展正进入从开放创新到自主创新，从"中国制造"

到"中国创造"的跨越发展阶段，党的十八大提出要增强自主创新能力，建设创新型国家，而民营经济作为我国社会主义市场经济的重要组成部分，民营经济能否顺应时代要求，进入创新发展阶段，对我国经济发展具有十分重要的意义。当前我国民营企业技术创新的制约因素体现为以下几点：

1. 自主创新意识普遍较弱，小微企业创新能力不足

我国民营企业虽然数量庞大，但大多数属于小微企业，大中型企业比例很低。据调查，2018 年我国企业的平均寿命只有 3.9 年，长期性经营才是企业的首要追求，故多数企业在经营过程中重点追求长效经营而忽略了创新甚至于没有创新意识。此外，据 2019 年专利调查显示，有 39.9% 的大中小微型企业在企业专利申请意愿方面维持不变，远远超过专利申请意愿增强的企业的比例（10.9%）。在专利申请意愿增强的企业中，大中型企业占比情况（分别是 21.9% 和 14.0%）明显高于小微企业（分别是 9.7% 和 10.5%）；且在面向境外申请专利上，大中型企业的申请比例（分别是 16.6% 和 5.0%）也高于小微型企业（分别是 2.5% 和 2.5%）。① 因此，多数企业创新意识偏弱，且小微企业创新能力不如大中型企业。

2. 民营企业科研投入不足，研发能力弱

微观经济学中，影响企业经济增长的生产要素可分为劳动、土地、资本和企业家才能，因此，即便我国民营企业拥有一定的创新意识，但也缺乏人才、技术和资金的支持。如表 6 - 2 所示，有 53.2% 的大型企业在研发支出方面超 1000 万元。

---

① 贺化. 2019 年中国专利调查报告 [R]. 北京：国家知识产权局知识产权发展研究中心，2019：45.

表 6-2 　　　　　　　　不同规模企业的研发经费支出 　　　　　单位:%

经费支出规模	大型企业	中型企业	小型企业	微型企业	规模未明	总体
10 万元以下 （不含 10 万元）	10.7	13.5	21.6	42.4	35.4	24.9
10 万~100 万元 （不含 100 万元）	15.3	19.9	35.9	40.4	29.8	33.0
100 万~500 万元 （不含 500 万元）	15.4	28.0	31.6	13.6	19.3	25.8
500 万~1000 万元 （不含 1000 万元）	5.4	15.7	6.5	2.0	7.4	7.1
1000 万~5000 万元 （不含 5000 万元）	26.5	18.4	2.8	0.7	6.1	6.2
5000 万元及以上	26.7	4.5	1.6	0.9	2.1	3.0
合计	100.0	100.0	100.0	100.0	100.0	100.0

资料来源：2018 年中国专利调查报告。

从企业规模上看，不同的企业在研发方面的支出比例也不相同。如图 6-1 所示，我们可以将不同企业研发支出分为六个层级，中型企业的研发支出投入在六个支出层级中分布较为均匀，支出层级较多的是 100 万~500 万元段，占 28.0%。有 67.5% 的小型企业中在研发支出投入上介于 10 万~500 万元；而有 82.8% 的微型企业在研发支出投入上低于 100 万元，可以看出，小微企业的研发投入受到企业规模的限制，基本处在 500 万元以下且大多还处在 100 万元以下，而大中型企业基本处在 500 万元以上，这在一定程度上阻碍了小微企业创新能力的发挥。

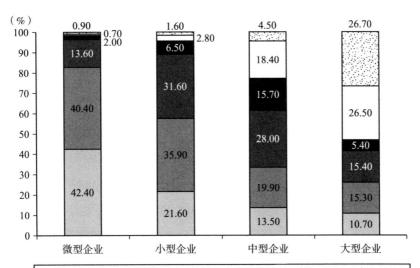

图6-1　不同规模企业的研发经费支出百分比堆积柱状图

注：支出层级 1 是 10 万元以下（不包含 10 万元），支出层级 2 是 10 万~100 万元（不包含 100 万元），支出层级 3 是 100 万~500 万元（不包含 500 万元），支出层级 4 是 500 万~1000 万元（不包含 1000 万元），支出层级 5 是 1000 万~5000 万元（不包含 5000 万元），支出层级 6 是 5000 万元及以上。

3. 我国民营企业"先天不足，后天受限"，使得企业创新困难

WIPO 总干事弗朗西斯·高锐（Francis Gurry）表示："创新是以知识为基础的全球经济增长的动力，但是，需要更多的投资来帮助发展人类的创造力和促进经济产出。"我国民营企业历来在融资方面存在困难，虽然国家近年来通过"营改增"以及中小企业贷款等政策，一定程度上解决了民营企业融资困难等问题，但是，融资难仍是制约我国民营经济创新的一大因素。从 2018 年不同规模企业的专利研发经费来源可以看出，单就经费来自政府资金这块，大中型企业（分别为 23.9% 和

18.6%）就要高于小微企业（分别为 13.1% 和 11.4%）①。可以看出，虽然国家大力提倡"大众创业，万众创新"，但是，政府在民营企业自主创新方面的直接支持还是比较少。此外，我国现行税制给予小微企业创新的优惠减免也相对较少。

4. 民营企业大多生产低技术含量的产品，造成产能过剩

我国民营企业中，中小企业占绝大部分，受企业规模的影响，小微型企业在专利实施率和专利产品转化率方面约低于大中型企业 10 个百分点，而且这两项指标自 2016 年起都有下降趋势②；在专利预期收入方面，有 68.1% 的专利权人所预计的收入低于 50 万元③。因此，受现实情况的影响，多数企业不愿投入成本及冒风险去创新，在经营上往往选择追求短期利润。而民营企业惯用的竞争手段就是盲目扩大市场规模，生产大量低技术含量、低附加值的产品，导致供需结构不平衡，造成产能过剩，这也是当前我国提出供给侧改革的重要原因。这并非是我国的供给不足，而是供给结构不平衡，造成供需失衡，产能过剩。

5. 产权保护力度不够、维权成本高是制约民营企业创新的重要因素

2019 年专利调查结果显示，有 62.2% 的企业认为专利申请周期长，赶不上技术更新速度；有 29.2% 的企业认为企业专利保护效果并不好，稳定性差。在专利保护水平上，73.1% 的企业期望能够实现强化④。

---

① 甘绍宁. 2018 年中国专利调查报告 [R]. 北京：国家知识产权局知识产权发展研究中心，2018：14.

② 贺化. 2019 年中国专利调查报告 [R]. 北京：国家知识产权局知识产权发展研究中心，2019：51 - 53，157 - 159.

③ 贺化. 2019 年中国专利调查报告 [R]. 北京：国家知识产权局知识产权发展研究中心，2019：67.

④ 贺化. 2019 年中国专利调查报告 [R]. 北京：国家知识产权局知识产权发展研究中心，2019：90，95 - 98.

《中国国际商事仲裁年度报告（2016）》的主要负责人、中国人民大学教授杜焕芳指出，"知识产权仲裁案件相比较诉讼案件而言，总体数量比较少，受理的案件种类比较单一"，目前仲裁分流的知识产权纠纷有限。此外，就专利保护满意度而言，"专利司法维权成本"在"非常不满意"和"不满意"项上均居高位，多数企业都认为专利维权成本较高。

（二）民营企业技术创新的意义

1. 技术创新是民营企业发展的保障

微观经济学中，影响企业经济增长的生产要素可分为劳动、土地、资本和企业家才能，企业的发展需要资金、人才、技术以及科学的管理体制，但是企业要想实现更大的发展，就必须借助创新手段进行资源整合。党的十八大对创新精神的提倡以及供给侧改革战略方针的提出，有助于企业加大对新产品的研发力度，对高科技人才的引进和培育力度和对市场需求的洞察力。技术创新是民营企业发展的重要路径，也是企业实现更好、更快发展的重要支柱。

2. 技术创新是民营企业的核心创造力

创新是一个民族进步的灵魂，是一个国家兴旺发达的不竭动力。民营企业要想在激烈的市场竞争中生存并取得长足发展，就必须不断进行创新。当前，我国民营企业技术创新呈现两个特点：一是大型民营企业技术创新的示范作用；二是民营科技企业逐步成为自主创新的主力军。在企业市场竞争力的提升中，技术创新是核心竞争力。随着市场节奏不断加快，企业间的竞争不仅要进行产品竞争，还要进行技术竞争、市场竞争、服务竞争、信息资源竞争等，其中民营企业技术创新能力的高低是决定民营企业在未来市场竞争中能否胜出的关键性因素。没有科技创新与技术含量的企业，在竞争中很容易被淘汰，这也是为什么我国企业平均寿命短的关键原因。

二、民企技术创新的模式探索

在我国，民营经济在国民经济中处于重要地位，随着混改的推进，在新时代背景下，民营企业有着巨大发展潜力。据了解，民营企业对我国GDP贡献率高达60%以上、提供了80%的城镇就业岗位、吸纳了70%以上的农村转移劳动力，新增就业90%在民营企业，来自民营企业的税收占比超过50%[①]。自2015年提出"大众创业、万众创新"以来，民营企业在自主创新上虽然取得了巨大成绩，但民营企业一般规模较小，产品技术含量低，且缺乏核心竞争力，相对其应当在国民经济中发挥的作用而言，还存在很大差距。因此，民营企业开展技术创新成为当务之急。

（一）独立创新：加强产权保护

2008年国家颁布《知识产权战略纲要》到党的十八大提出自主创新，建设创新型国家发展战略，推动了我国经济走上创新驱动、内生增长的轨道，也推动了我国企业的创新发展浪潮。据知识产权数据显示，在专利申请获批方面，2019年我国发明专利申请量140.1万件，其中，授予发明专利45.3万件，受理PCT国际专利申请6.1万件，其中授权量最多的国内企业（不含港澳台）是华为，有4510件；发明专利拥有量（不含港澳台）共计186.2万件，每万人口发明专利拥有量高达13.3件；2019年全年共审结发明专利申请102.3万件。在专利维权方

---

① 中国民营企业发展研究报告 [J]. 中国商界，2017（5）：84-89.

面，2019 年全国专利复审请求量为 5.5 万件，结案量为 3.7 万件；无效宣告请求量为 0.6 万件，结案量为 0.5 万件；受理商标异议申请 14.4 万件，完成异议案件审查 9.0 万件；共收到各类商标评审案件申请 36.1 万件，结案 33.7 万件。在专利增值方面，专利、商标质押融资总额达到 1515 亿元，同比增长 23.8%；专利质押融资金额达 1105 亿元，同比增长 24.8%；质押项目 7060 项，同比增长 30.5%。此外，中国是商标注册申请最多的国家，2019 年我国商标注册申请量为 783.7 万件，商标注册量为 640.6 万件，商标注册的平均审查周期也已缩短至 4.5 个月。[①]

可以看出，现如今我国企业的发明创新呈井喷式发展，但知识产权的保护力度却远远不够。2019 年人民法院共新收各类知识产权案件 48 万余件，同比增长 44.16%。其中，就知识产权案件类型而言，著作权案件涨幅最大，同比上升 49.98%；就省份新收知识产权案件而言，广东省新收知识产权民事一审案件最高，达到 157363 件，北京、浙江次之，分别为 80165 件和 27706 件，重庆、广西和福建等省份都呈迅猛攀升势态。[②] 近些年，关于全国涉外知识产权案件也呈现出逐年上升势态，占比在 20% 左右，其中 2017 年山东法院涉外案件占比高达 119%[③]。除受理案件量攀升外，在案件受理难度上，随着互联网技术的发展以及商业模式的创新，涉及新兴、尖端和前沿方面的专利案件、商标纠纷案件不断涌现，审理难度不断增大。以上两方面就已在一定程度上抑制了民营企业创新的劲头，阻碍了民营企业创新的进程。

---

① 中华人民共和国中央人民政府. 国家知识产权局就 2019 年主要工作统计数据及有关情况举行新闻发布会 [Z]. http：//www. gov. cn/xinwen/2020 - 01/15/content_5469519. html.

② 中国法院网. 中国法院知识产权司法保护状况（2019）[Z]. https：//www. china-court. org/index. shtml.

③ 唐亚南. 为知识产权护航 为创新驱动赋能 [N]. 人民法院报，2019 - 4 - 25（5）.

此外，当前我国知识产权仲裁的发展还不够健全，首先，人们对专利保护的需求旺盛，希望加强专利的行政执法力度；其次，小微企业由于没有资金优势，存在较高的研发创新风险，专利成果转化难，很容易遭受侵权；再次，全国范围内专门的知识产权仲裁机构数量有限，且多集中在经济发达地区，致使仲裁机构分布并不均匀；最后，知识产权机构专业化水平也有待进一步提升。因此，建立健全知识产权保护措施刻不容缓。

（二）合作创新：加强民营企业与外部合作

我国民营企业大部分都是家族企业，企业的领导者很多都是因为长期从事某一领域的经营运作，往往具有该领域较丰富的专业知识和管理经验，但随着市场竞争的愈加激烈、消费者消费观念的改变，这些企业旧的生产方式与技术水平将愈发制约企业的发展。面对这种情况，大部分企业采取的措施一方面源于企业自身的创意，并在此基础上，进行研发立项、融资投资、产品开发与商品销售；另一方面则是随机寻找市场机会，收购适合自身发展的技术，用来改善企业生产力水平，进而提高企业的经济效益。据专利调查资料显示，这种单靠自身开展研发的方式存在研发时间长、人员成本消耗大等缺点。一项专利的研发既需要耗费大量的时间，也需要企业给予资金、技术和人员的支持，故开展研发的成本是相当大的。那些依靠在市场上随机寻找创新点进行创新的创新方式，其成本和收益更是微小，有时甚至没有效益。因此，要探索适合企业自身的创新方式。

合作开发是当前民营企业创新发展的可选方式之一。这种创新方式可分为两类：一类是企业的研发部门提出创意，委托专门机构（设计院、高校等）进行产品设计；另一类是进行模块化设计，将研发、产品设计、开发与销售分别外包。

在我国，高校与科研单位是知识产权创造的主力军，中国高校申请专利数量倍增，但产权向产业转移效率却不高，如表 6 - 3 所示，我国高校与科研单位有效专利产业化率特别的低。

表 6 - 3　　　　　　2019 年不同专利权人有效专利产业化率　　　单位：%

类型	企业	高校	科研单位	个人	总体
有效发明专利	43.8	4.5	13.8	20.1	32.9
有效实用新型	44.1	2.9	23.3	19.2	39.2
有效外观设计	51.2	1.1	37.6	31.0	42.8
合计	45.2	3.7	18.3	25.4	38.6

注：该表有效数据量为：企业、高校、科研单位、个人分别为 10552 个、658 个、301 个、1242 个，总计为 12753 个。本表因小数取舍而产生的误差均未做配平处理。

资料来源：2019 年中国专利调查报告。

民营企业在创新发展方面存在技术与科研能力弱的约束，而我国的科研机构与高校等，在科学研发方面有一定的科学素养和专业知识，只是缺乏一定的科研资金，民营企业经营目标是追求自身效益最大化，因此，在利益的驱使下，可以与高校或科研机构合作或企业间合作，并由此延伸，加强企业与那些拥有先进技术的国外企业、机构的合作，探寻更加有效的经营模式，实现民营企业经济效益最大化的目标。

（三）模仿创新：借鉴国内外民营企业技术创新的成功模式

模仿创新，即通过模仿而进行的创新活动，根据别人的创新而进行的创新行为，主要有两种模仿创新模式，一种是完全模仿创新，另一种是模仿后再创新。因为是根据别人的创新进行的模仿创新，故在技术方面并没有新技术产生，而是跟随有价值的技术进行学习和改造。比如马云的阿里巴巴将线上销售和线下销售结合起来，"互联网＋金融"的销售模式广受欢迎，很多企业在此基础上进行模仿创新，也同样将线上和线下结合起来，与之不同的是在产品质量、服务效果、物流及售后方面需要进行改善和创新。模仿创新虽然没有新技术的产生，但同样具有市场开拓性。采取模仿创新的企业不仅能够进入领先者所处的技术市场，也能实现对新市场空间的进一步拓展和扩充。该创新模式能够避免企业在创新研发方面投入大量的资源，面临较大的研发失败的风险，相反它在一定程度上让企业有机会将各类资源转移到创新的其他环节，乃至企业其他经营管理活动中，既实现了企业创新资源的新集聚，也提升了企业的技术转化水平，让企业能够尽快、有效和保量地实现产品和服务的落地。

第四节　民企人才制度创新的努力与尝试

一、民企在人才制度方面存在问题

受我国经济发展历程等因素的影响，民营企业虽是除国企之外的主要的企业类型，但因其形成时间短、管理经验不足，真正成为一流企业的很少。此外，人力资源管理的欠缺也是制约民营企业成为一流企业的关键因素之一，故民营企业如何实现人力资源管理的革新是其组织变革所面临的重要问题。当前，企业在人力资源管理方面主要面临以下问题：

（一）民企人力资源管理认识狭隘

一方面，许多民营企业家大多是凭借经验在各领域做出了一番事业，故这些民营企业家在管理，尤其是在人力资源管理方面存在不足，对知识和人才缺乏清醒的认识，对外不敢招聘、对内不敢用人，用人、管人手段僵化，使得民营企业内部整体缺少一套完善、有效的人才引进体系和人才管理体系，极易导致用人失误。另一方面，民营企业在人力资源管理方面还缺乏完善的绩效评定体系和财务体系。许多民营企业还沿袭以往旧的、落后的经营模式与经营手段，导致企业生产效率低下。很多民营企业由于缺乏合理、公正的绩效评定体系，致使员工绩效评价不到位；由于企业绩效评定体系的不到位，企业员工得不到有效激励；员工激励措施不合理，故即便存在合理的薪酬福利制度，只要缺少公平、公开的绩效评定体系这一基础，合理的薪酬福利制度就会流于形式，起不到有效激励员工的作用，员工的利益诉求难以保障。此外，在薪酬福利方面，民营企业大多采用给员工加薪等物质激励方式，这在一定程度上忽视了给予员工精神激励的重要作用，致使员工即便获得加薪，也很难存在很高的工作投入度。因此，民营企业在人力资源管理这两方面的不足在很大程度上制约了企业内部人力才能的发挥。

（二）民企人力培训机制不完善

由于信息经济的飞速发展以及技术革新速度的加快，职业半衰期越来越短，企业要想在急剧变化的经济环境中实现生存，不仅需要企业管理者拥有远见，制定好企业的发展战略，还需要企业提升员工的素质和能力，以适应新环境下企业用人需要，确保企业拥有较强的人才优势。然而，受员工跳槽的影响，大多数民营企业并不看重人才培养，存在人才短期培养倾向，企业内也尚未形成与企业长期发展战略相匹配的系统性与持续性的人才发展方案，以及与员工性格、能力相适应的企业职业生涯规划。另外，有些企业虽然重视人才培养，但落脚点放在新人培养上，忽视了对老员工的再培养，如此容易激发新老员工之间的矛盾，不利于企业内部团结。因此，从企业长远发展和企业安全的角度来看，企业对员工的培养不仅能培育与员工之间的情感关系，提升员工忠诚度，更能在企业内部形成塑造企业文化以及企业核心价值观的员工基础。

（三）民企管理者管理决策水平受限

民营企业的管理者大多是白手起家，受教育水平较低，管理企业仅靠自身经验，缺乏专业化的企业管理知识；民营企业的管理者也往往同时拥有企业的经营权和所有权，旧时"大家长"式的独断决策机制很容易造成决策失误，不利于企业的科学管理。此外，部分民营企业均是家族企业，这类家族企业在企业发展前期因其血缘纽带而具有较强的凝聚力、较低的监督成本等竞争优势，但在企业发展的中后期，随着企业经营管理活动的增多，企业内部由于缺乏科学合理的企业管理模式，很容易造成决策的盲目、管理的混乱和权力的滥用。而且，家族企业前期"任人唯亲"式的用人模式，在中后期不仅会导致企业事务与家族事务的混乱、企业管理决策权的分散，还会引起其他员工的不满，既不利于员工创造力的发挥，也不利于企业内部员工的团结。

（四）民企定位不清晰，文化凝聚力不强

很多中小企业只追求短期经济利益与企业短期发展，忽略了企业长

期规划的制定，导致一些员工在职业生涯规划中看不到前进的目标与方向，所以纷纷跳槽到其他企业；一些企业不注重人才培养，同样会导致员工跳槽。企业人员流动率大，会造成企业经营成本的增多、企业效益的下降。此外，一些企业不注重自身的企业文化，没有在经营理念、目标、方针、观念等方面对人才进行引导，也会导致员工凝聚力不强，企业经营效率低下。

二、民企人才制度方面的出路

对一个企业而言，物质资本仅仅是企业未来发展的物质基础，物质基础能否真正在企业内部发挥作用关键在于人力资本能否发挥作用。如果缺乏有效的人力资本，即便拥有再好的物质基础，这些物质资本也无法实现增值，无法发挥它们真正的价值。因此，民营企业需要有效的人力资本，需要在人才制度方面实现创新。

（一）提高团队受教育水平

无论人才制度如何创新，人才制度的主体始终是人。与国有企业相比，民营企业，尤其是小微型民营企业在员工数量和素质方面并不占据优势，尤其是在员工素质方面，民营企业大部分员工学历偏低，因此，需要民营企业着力提高团队的受教育水平，完善与健全企业的人才选拔培训体系。一方面，要对应聘人员进行严格甄选，进而对新员工进行培训，了解新员工的基本素质情况，评估新员工培训需求，进而对新员工进行精准培训，并进行工作指导；另一方面，要提升现有员工的素质，着重提高现有员工的管理能力，充分挖掘他们的工作潜能，实现民营企业整体人员素质的提升。

（二）建立科学公正的人才绩效评价体系

这是企业在人才制度创新得以贯彻落实的保障，也是人员绩效管理的关键环节。绩效管理的核心任务是在掌握员工和团队绩效的基础上，实现并确保这些绩效能够与企业的战略目标相一致。因此，民营企业要完善或改革内部现有的人才绩效评价体系，确保企业能够实现对员工和团队绩效的精准反馈。首先，民营企业内部应制定科学合理的工作标准，标准的制定应该分部门、分层级，要符合 SMART 标准，让每个努力工作的员工的工作成果都能在工作标准上反映。其次，民营企业每个部门的管理者都要根据最初制定的员工工作标准考核评价员工一定时段的工作成果，做到公正客观，并实现考核评价结果的公开透明，避免家族企业血缘关系对员工绩效评价的影响，让每个员工对考核结果进行监督，增强员工内心对工作的满意度与对企业的归属感。最后，民营企业管理者应该贯彻落实员工绩效反馈这一环节。对那些工作绩效较差的员工，管理者应与其建立起双方认同的绩效改进计划，以在下一阶段改进员工工作绩效，从而实现员工绩效的提升与企业业绩的改善。

（三）落实薪酬制度改革，即建立合理的薪酬福利体系

企业需要在建立科学公正的人才绩效评价体系的基础上，根据员工绩效评价给予员工相应的薪酬与福利，实现企业薪酬制度改革。与国有企业相比，民营企业，尤其是小微型民营企业的未来发展境地不明与员工的薪酬福利低是其内部员工容易跳槽的原因，民营企业薪酬制度改革一方面要确保公平，另一方面要确保员工能够留住。因此，与国有企业相比，民营企业可能在员工工资方面给予较少，故民营企业在薪酬福利

方面的改革不应侧重工资、奖金等直接经济报酬，而应侧重于保险、带薪休假等间接经济报酬和升职、精神激励等非经济报酬，通过间接经济报酬和非经济报酬的丰富和完善，留住企业人才。此外，民营企业虽然有很大一部分属于家族企业，但随着民营企业未来的发展趋势，要想在市场竞争中生存下来，成长为更大规模的企业，就需要进行股份制改革，故在未来员工薪酬激励方面，民营企业可以通过给予股权的方式奖励员工，这是民营企业相对于国有企业的特殊优势。并且，对于那些高素质的员工也可以采取胜任素质薪酬，根据员工的能力与水平给予薪酬，降低企业高素质员工的流失率，如此才会形成员工素质提升与其薪酬水平提高的"互推"之势。

（四）制定员工职业规划

民营企业在贯彻落实上述人才制度创新措施的基础上，最后要为每个员工制定属于其自身的员工职业生涯规划，让员工能够自进入企业就认识到自己在企业存在进步的空间，让自己在日常工作过程中树立起自己的奋斗目标，进而能够增强员工对企业的归属感，降低员工的离职率。

第七章

国企民企资源整合与创新行为之间关系的现实考察

第一节 基于资源整合的国企民企创新行为的理念架构与思路阐述

一、基于资源整合的国企民企创新行为的理念架构

为促进国企民企在创新过程中有效地实施资源整合，笔者认为国企民企在进行创新的过程中至少应当遵循以下理念。

（一）系统集成理念

系统集成从一般意义上可以理解为资源要素的结构化重组，形成相互关联、统一协调的系统。这种要素重组不是要素的简单叠加，而是按

照一定规则的组合和构造，以方便管理资源，提高要素资源的使用效率，从而提高系统的整体功能，追求系统的整体优化。国企民企的创新行为中，各部分资源或将发生变化，按照过去的机制运行或将抑制资源效用的体现。因此，在整合各类要素资源的过程中，要认真分析各类要素资源特性，根据整合规则，结合具体实际情况将各类要素资源进行有机组合，实现集成效应。同理，国企民企创新行为即要素资源按照不同的方式进行组合，在进行资源整合的过程中，应该遵循系统集成理念，把国企民企中的物资资源、制度资源、知识资源、文化资源等进行系统整合，形成一个不可分割的、具有创新性的整体。

（二）协同创新理念

现代组织理论认为，组织协同性表现为组织按照一定企业战略和组织架构，运用科学的管理方法，平衡组织内各部分存在的矛盾，以保证每一个部分都在朝着共同的战略目标前进，创造更多的经济价值。国企民企创新行为必须遵循协同创新理念，在创新过程中将各类资源进行跨度整合，并创新其组织模式，即通过国企民企创新主体间深入合作与资源整合的协同创新网络，达到"$1+1>2$"的叠加非线性效应。以实现整体优化的目标，使国企民企各方面产生创新与突破。

（三）层次性理念

企业作为一个复杂的组织，其组织结构具有层次性。处于企业中不同位置的要素具有不同的功能与作用，因此其对企业组织的影响也不尽相同。部分要素对组织的影响需要通过企业内部不同层次间的传递才能产生最终效果。因此，国企民企的创新过程中资源整合不可能一蹴而就，应分层次地有序推进，以达到最终目标。其层次性体现在以下几个方面：一是企业组织结构的层次性，因为企业内部的组织结构存在多样性，不同的部门在资源整合的过程中的侧重点可能也是不同的，通过相互参股、结合、发展成为混合所有制企业，实现资源整合是一种市场化的趋势，所以在整合过程中应注意企业的组织结构特点；二是企业资源的结构性，由于国企民企资源的占有、分布情况不同，在创新过程中对于资源整合的需求与目的可能也是不同的，因此，为满足不同的需求，国企民企的资源需要多维的结构性整合；三是整合操作的层次性，国企民企的资源整合作为一个复杂的过程，涉及多个环节，因此国企民企创新过程中应该做好统筹规划，有层次地进行资源整合操作。

（四）动态发展理念

国企民企创新过程中，随着各类要素资源整合程度的不断深入，企业的物质资源、制度资源、知识资源、文化资源等都将随着整合过程的推进以及环境的变化而不断地变化。为了使国企民企在这种复杂的动态过程中能够持续发展，国企民企资源整合必须不断调整方向方式。因此，国企民企资源整合的前提是必须认真分析企业所处的环境，根据变化及时调整。

二、基于资源整合的国企民企创新行为的思路阐述

（一）整体布局，协同推进

把握资源整合实际过程中的全局性、综合性和战略性问题，聚焦关键领域，实现国企民企的突破创新。坚持系统性、配套性与专项性措施相结合，高度重视资源整合的整体设计、协同推进，加快国企民企的管

理、技术、制度"三位一体"的系统性创新，注重全局性的资源整合措施实施，促进各项措施互相配套、相互支撑，发挥国企民企制度创新的领先效应。

（二）立足实际，服务于经济社会发展

国企民企资源整合要立足于企业自身实际，依托国家发展战略，聚焦重点行业与领域，率先开展资源整合尝试，加快推进关键环节的资源整合与企业创新，为全国推进供给侧结构性改革提供支撑。国有企业更应该积极进行资源整合，深入贯彻和体现国家的发展战略，发挥先行者和排头兵的示范作用，为经济社会服务。

（三）去劣存优，推动企业创新

企业资源整合是运用科学方法将各类资源进行有机组合。通过对资源的挖掘、识别、优化，使个体资源与组织资源、横向资源与纵向资源、内部资源与外部资源、传统资源与新型资源等资源中的合理成分保留，舍弃企业资源中不符合企业发展方向与国家发展战略的部分，形成新的资源体系，实现资源价值的扩大化，推动企业经营发展过程中环节的创新，从而促进企业综合实力提升。

（四）构建企业资源整合与创新行为良性循环新格局

国企民企的资源整合和创新行为的提升相辅相成。国企民企在资源整合过程中对资源的挖掘和进一步优化，就要对资源进行重组和深层次开发。国企民企每一阶段的资源整合，是为下一阶段发展打下基础。在资源整合的过程中，各类资源按价值最大化重新组合并产生整合效应，表现为国企民企的各种创新行为。并且，国企民企的创新行

为促进企业新的资源的出现，为国企民企的进一步资源整合提供条件与动力。

第二节　国企民企制度创新、管理创新、技术创新与资源整合的关系分析

一、国企民企制度创新与资源整合的关系分析

（一）混合发展，优化产权结构

国企民企资源整合的过程中，两者通过参股、控股、兼并、重组等方式组成混合所有制企业。不仅有效地整合了企业各类资源，而且增强了国有资本活力，推动了国有企业体制机制创新。在发展混合所有制企业，整合国企民企资源的过程中，就要求企业财产权利清晰，利益关系明确。因为产权制度是企业制度中最主要的要素，也是企业各项制度中最基本的一项。在企业的生产经营过程中，产权制度的科学性、合理性会直接影响到企业其他制度创新的效果，产权制度规定了企业所有者的权利与义务，关系到企业投资者在企业中的利益与权力分配问题，也决定着企业的组织形式和企业与外部利益集团之间的关系。因此，国企民企资源整合，在一定程度上会推动企业优化产权结构，进行制度创新。

2017 年 6 月，复星集团参与完成上海泛亚航运有限公司的增资扩股，增资后泛亚航运股权架构变为：中远海运集装箱运输有限公司持股

82%，复星集团持股 10%，泛亚航运骨干员工持股 8%，共增资 7.68亿元，实现了国企、民企与员工持股的新型股权形式。① 通过增资扩股，泛亚航运公司资本规模扩大，国内集装箱运输、国际支线集装箱运输及相关业务得到强化，物流链服务平台能够发挥更多作用。复星集团与泛亚航运实施混合所有制和员工持股形成新型的股权结构，有利于企业融资拓展业务，激发员工工作积极性与主动性，增加企业的向心力，促进企业的可持续发展。

国企民企可以通过相互参股的方式成为混合所有制企业，这种资源整合方式成为一种市场化的趋势，因其结合了国有企业的实力、诚信、社会责任和民营企业机制灵活的优势，必将产生巨大的合力。党的十八届三中全会通过的《全面深化改革若干重大问题的决定》指出，经济体制改革是全面深化改革的重点，核心问题是处理好政府和市场的关系，使市场在资源配置中起决定性作用和更好发挥政府作用。

用混合所有制的方法深化改革国有企业的实质是产权制度改革，这是党的十八届三中全会关于国有企业深化改革的重大制度创新，也是公有制与市场经济紧密结合的具有中国特色的独特模式的探索。国企民企混合发展是一种市场化的资源整合，推动了产权制度的创新，促进了企业的产权结构合理化。

（二）整合资源，建立资源共享平台机制

国企民企的资源整合、优势互补有利于企业了解国内外市场状况，包括市场供给企业与市场需求企业状况，从而更好地进行资源共享，建

---

① 国务院国有资产监督管理委员会. 中远海运多项指标创世界第一［Z］. http://www.sasac.gov.cn/n2588025/n2588139/c8636227/content.html.

立资源共享平台机制。目前，我国部分电网企业已经组建混合所有制企业，引进社会资本，调整资本结构，形成国企民企资源共享平台。一方面，国企电网企业可以吸收社会资本，增加企业资金支持，为企业开拓业务提供保障，并且引入民企的市场化运营方式，增强企业活力；另一方面，民企可以利用国企的基础设施优势以及优质客户资源，扩大民企经营范围。并且，国企民企的跨界组合还会扩大整合效用，比如伴随车联网、互联网、智能电网的发展，在未来优化能源资源、交通资源、带动相关产业发展等方面显示出巨大的商业价值，国企民企将在合作中互利互惠，共同提升企业价值。

资源共享平台机制建立是一个动态的概念。对于不同发展阶段资源整合的程度和不同规模的国企民企而言资源共享的内涵和要求有所不同。对于国企民企的资源整合初期，通过物质资源的整合，促进国企民企的实力提升。伴随整合程度的加深以及企业规模的扩大，国企民企对于资源共享的需求可能会增加，对于资源的需求范围会扩大。制度资源、知识资源、文化资源的共享需求增多，资源共享平台机制更加健全，国企民企的合作范围更广阔。因此，国企民企的资源整合将大力推进其伴随着资源共享平台机制的发展与创新。

（三）市场化管理资源，推进监督约束机制完善

国企民企的资源整合过程中，民企资源融入国有企业当中的同时，会将民企的市场化运作特点引入国企，就必然要求国企按照市场化原则完善权力约束机制、制度约束机制和法律约束机制，加强职工民主监督和完善民主评议企业领导人和厂务公开制度。按照现代企业制度建立健全监事会，依法行使职权，并且维护民企成分在国企中的合法权益。

作为推进经济改革的重点城市，深圳市国资委在监督国企民企资

源整合过程中，针对国企民企资源整合和资本运作存在的问题，成立了深圳远致公司作为监督国企民企整合发展的中介。在实际运营中，通过深圳投控公司和深圳远致公司协同运作，发挥深圳投控公司的国有资本投资管控功能以及深圳远致公司的国有资本运营调整功能，逐步建立以深圳市国资委直接监督运营为主，深圳投控公司和深圳远致公司等国有资本投资运营公司为辅的国资监管运营新体制。为应对国企民企资源整合中的新需求，深圳远致公司先后制定了 60 余项监管制度，内容涉及产权代表报告、收益的考核与分配、企业领导人员选拔任用及投资管理等各个方面，形成了具有深圳特色、市场化的监管运营制度体系。

二、国企民企管理创新与资源整合的关系分析

（一）战略合作，促进品牌创新

国企民企的资源整合过程中物质资源、知识资源、文化资源的整合有利于企业间资源共享，改善产品质量，提升品牌竞争力。改革开放以来，我国民企不断发展，数量逐渐增多，在以信息产业为主导的新经济发展时代表现更为活跃。通过国企民企的资源整合可以使企业优势互补，快速提升核心竞争力，实现共赢发展。例如，2018 年 4 月，广汽集团和蔚来汽车宣布建立战略合作，成立广汽蔚来，致力于智能网联新能源汽车的研发、销售及服务。广汽将主要负责整车的研发和生产，蔚来将提供智能网联技术和能源支撑体系。广汽蔚来在"合创"模式指引下，打造开放、共享、独立的平台，整合全价值链资源，从"产业、资源、技术、用户"多元维度进行创新，让汽车成为入口，合创全新的

出行生态圈。2019 年 5 月，广汽蔚来的全新品牌"HYCAN 合创"以及首款概念车正式发布。2019 年 12 月 27 日广汽蔚来的"HYCAN 007"首款量产车开始预售，并于 2020 年 4 月开始交付。从战略签约到预售仅用两年、从预售到交付不到一年的飞速发展，是工业与互联网思维的融合创造了这种供应速度。这不仅代表传统工业优势制造与互联网创新思维两股力量于中国市场融合的开始，也是中国汽车行业转型升级的新探索。

（二）优化组织结构，提高工作效率

国企民企在资源整合的过程中，通过借鉴民企市场化的管理机制与激励机制能够促进国企的业务流程优化，企业资源更加集约化，减少协调沟通障碍，降低企业行政和沟通成本，极大提高决策和运营的效率，促进企业更好地利用其资源优势，真正地做到了精简机构，效率为本。例如，中国联通正在努力推进混合所有制改革，机构精简工作。改革后，国有成分仍然超过 51%，但是实现了多元化。董事会按照 6：4：5 的比例分配，设有国有企业董事 6 名，民营企业董事 4 名，独立董事 5 名。机构精简方面，联通集团总部由 27 个部门削减为 20 个，削减了 26%；总部人员编制由 1787 人减编至 891 人，减幅达 50.14%，其中，净减编 347 人，占比 38.7%，其余 549 人生产分离；处室总数由 238 个减至 127 个，减少 46.64%，其中，净减少 56 个，占比约 50%，其余生产分离 55 个。而联通集团全国省级公司管理部门数量已经从 697 个减至 516 个左右，减幅约 26%。① 在此基础上，中国联通将持续进行调整优化以满足业务发展需要，加快推进简政放权，全面优化各项业务流程；同时努力探索薪酬优化机制，引进市场化考核标准，促进收入分配

---

① 中国联通宣布"瘦身"方案：总部人员编制减 50.14%［J］. 企业研究，2017（10）：8.

科学合理；根据生产情况减少管理部门数量，努力解决机构臃肿、效率低下的问题；严格管理以基础业务为主的生产单位，为创新型业务为主的生产单位提供相对宽松的管理环境；同时结合淘汰退出机制，通过机制将机构数量与收入规模相关联。

通过中国联通的改革安排可以看出，中国联通引进的战略投资者与中国联通业务互补性较强，通过双方的资源整合，使企业能够在资本、价值、产业链方面形成互补。并且此次改革将促使中国联通的运营更加市场化，形成多元化的管理结构，以及权责统一、优势互补的混合所有制企业治理机制。要求企业按照现代企业制度，依法保护混合所有制企业中民企股东与小股东权益，尊重民企与小股东的建议想法，按照公司章程依法进行企业决策。

（三）与时俱进，创新营销方式

伴随我国企业的不断发展，企业竞争越来越激烈，企业的营销环节已经上升到一条价值链的竞争，而不是市场发展初期，企业点对点的竞争。现阶段，在供给侧结构性改革的推进下，市场竞争将更加差异化，这对于我国消费升级、产业升级、社会转型是一剂良药。应对改革的迫切需求，作为市场经济微观主体的国企民企进行资源整合有利于形成水平战略联盟，通过资源有机组合，更好地为客户服务。

我国家电第一品牌海尔集团在网络化战略转型与管理创新的自我要求下，积极融入互联网浪潮，发掘营销方式的创新。销售方面，海尔改变了传统的经销商直接到产品生产线仓库取货的做法，转变为以用户驱动的"零距离"下的"即需即供"模式。海尔集团一直坚持"以用户为中心"的主体思想，一方面在平台上，支持用户参与从研发一直到制造、销售、售后各个环节，再根据用户交互中的体验需求，不断优化产品；另一方面实现个性化定制。从模块化自选，到云计算满足网络时代全流程无尺度的个性化需求。

大数据技术的应用，使海尔再一次走在制造业数据应用的前列，将数据定义为能够为企业创造价值的资产。目前，海尔已建立了集订单信息流、物流、资金流"三流合一"的 BI、GVS、LES、PLM、CRM、B2B、B2C 等系统，实现了全集团业务统一营销、采购、结算，并利用全球供应链资源搭建起全球采购配送网络，辅以支持流程和管理流程，以人单合一为主线实现了企业内外信息系统的集成和并发同步执行，实现内外协同——端到端流程可视化、从提供产品到提供服务，形成核心价值链的整合和高效运作模式。

三、国企民企技术创新与资源整合的关系分析

（一）资源整合，激发技术创新活力

国企民企的资源整合有利于激发企业的技术创新活力。在企业的创新链条中，研发人员的素质与技能水平，以及研发经费的投入占比直接影响企业的创新效率。而与国企相比，民企的制度资源、文化资源具有民企独特性与多样性，在企业家精神、决策机制与激励机制方面都具有更多的活力。通过国企民企的资源整合，国企可以引进民企多样灵活的决策机制与激励机制，使研发投入环节的决策更加合理化、科学化，对技术创新过程采取更加健全的激励考核机制，这样有利于提高企业技术创新体系中各部门的积极性与主动性。因此在国企民企资源整合的过程中，民企可以弥补国企这方面的不足，通过企业体制机制与文化理念的完善激发企业内在的科技创新潜力，带动技术创新效率的提高。

（二）优势互补，提高技术创新能力

国企民企的资源整合、优势互补有利于提高企业的技术创新能力，从而提升企业的技术综合实力。民企在生产经营过程中常常受制于企业规模小、资金缺乏、研发设备不足等因素，而国企在物质资源方面更具有优势。截至 2019 年 12 月末，我国国有企业营业总收入 625520.5 亿元，同比增长 6.9%。[1] 2020 年中国企业 500 强中有 265 家国有及国有控股企业，占总数的 53%，与上一年 500 强占比持平。在 2020 中国企业 500 强中，国有企业在营业收入、资产、净利润指标上，分别占 68.89%、82.97%、64.51%。[2] 说明国企民企的数量占比虽相差不是很大，但是国有经济依然控制着国民经济的命脉，国有企业在规模体量上仍然突显出重要地位，对国民经济有着重要影响。

国企民企的资源整合可以实现双方的资源互补。一方面，民企可以利用国企的研发设备、研发人员和研发资金，还可以借助国企的平台获取更多的信息渠道，进而提高其技术创新的能力；另一方面，国企由于传统的体制机制与生产经营模式，使国企在技术成果的转化和产品营销方式方面较为弱势，转变速度稍微落后，借助国企民企的资源整合，可以向民营企业学习先进的科技转化模式以及现代化的营销方式。例如，2019 年 5 月，中国电子与北京奇安信签署战略合作协议，实现国企民企抱团发展。一方面发挥国企的资本优势和行业基础，另一方面可以吸收民营企业灵活的经营方式，形成良性互动，共同发展。中国电子战略

---

[1]　财政部资产管理司 . 2019 年 1～12 月全国国有及国有控股企业经济运行情况［Z］. http：//zcgls. mof. gov. cn/qiyeyunxingdongtai/202001/t20200120_3462158. html.

[2]　国务院国有资产监督管理委员会 . 2020 年中国 500 强企业分析报告［Z］. http：//www. sasac. gov. cn/n2588020/n2877938/n2879597/n2879599/c15556421/content. html.

入股后，双方将在技术创新、资源整合、重大项目建设等方面开展合作，推进央企网络安全响应中心、现代数字城市网络安全响应中心和"一带一路"网络安全响应中心三大中心建设。在市场中形成独特的竞争优势与营销经验，实现合作共赢。双方战略合作形成强大的合力，不仅提高企业的整体竞争力，而且有利于提升行业的技术创新能力，为中国电子信息企业探索出新的合作模式和发展道路。

（三）改善外部环境，促进市场开放

国企民企资源整合有利于市场的进一步开放，为企业技术创新提供更好的外部环境。目前，我国国有企业改革正在广泛开展，国企改革正处于关键阶段，电信、铁路、能源等领域相继出台混合所有制改革的方案，原本垄断的行业市场正在逐步开放，非公有制经济有了更大的发展空间。在此过程中，国企民企的资源整合有利于混合所有制改革的推进，资源的分配更加公平，企业的利益相关者更加多元化，企业发展的外部环境更加宽松，有利于企业的技术创新。

第三节　国企民企资源整合与创新行为的发展现状

一、国企民企资源整合的发展现状

（一）国企民企资源整合的基本概况

1. 资源整合领域不断深入，整合理念不断加强

自20世纪90年代起，我国开始允许国内民间资本和外资参与国有企业改组改革，国企民企资源开始进行整合探索，经济改革的实践足以证明，混合所有制确实能够切实有效地促进生产力发展。党的十八届三中全会《中共中央关于全面深化改革若干重大问题的决定》提出"要积极发展混合所有制经济"。2014 年《政府工作报告》进一步提出"加快发展混合所有制经济"。

国企民企资源整合，融合发展成为新一轮国资国企改革重头戏。伴随混合所有制改革的深入，混合所有制改革的层级在不断地提升。改革的试点逐渐探索三级企业、二级企业，甚至也在探索集团层面的混合所有制改革。2017 年 10 月联通混改方案出炉，积极进行资源与业务的整合、市场开发，改革的层级在不断地提升。并且，国企民企资源整合的领域在不断地拓宽。混合所有制改革试点在电力、石油石化、电信、航空、军工等重点领域，国家已经选择部分企业进行改革，前两批已经有19 家企业进行混改，第三批正在研究计划当中。

与国企民企融合发展的不断深入相伴，国企民企资源整合的理念也在不断地加强。主要表现在：一方面，"资源整合"的意识逐步提高。与过去的情况不同，直接并购的高失败率使得民企和国企越来越注重资源整合的过程分析工作。它们更强调对于国企民企资源的调查评估，注重广泛收集国企民企财务、人力、技术等方面的信息，并对这些信息进行科学分析，并且更注重对信息评价和修正；另一方面，资源整合的理论研究逐步深化。学术界开始针对国企民企的资源整合问题进行研究，如探讨国企民企整合的动因、国企民企性质上的差异及这些差异对于企业文化方面的影响等。这些研究成果在一定程度上增加了国企民企资源整合实践的自觉性和科学性。

2. 国企民企资源整合的规模不断扩大，整合能力不断提升

当前，国企民企资源整合的规模不断扩大，资源涉及金额逐渐增多，特别在国家提出混合所有制改革试点要在电力、石油、天然气、铁路、民航、电信、军工等 7 个领域迈出实质性步伐后，国企民企的资源整合规模进一步扩大。在国企民企资源整合规模不断扩大的同时，资源整合的能力也在不断提升。主要表现在：一方面，应对整合艰巨性的能力在不断提高。资源整合是一项艰巨的任务，国企民企的资源整合不仅涉及融合企业文化、统一管理制度和会计标准、配置人力资源等问题，而且还需要解决安置和分流国有企业下岗人员、清偿国有企业债务、承担地方税赋等任务。伴随社会保障体系的逐步完善、国企民企整合意识的逐步提高，以及如《关于上市公司涉及外商投资有关问题的若干意见》《上市公司收购管理暂行办法》等一系列重要文件的出台，使国企民企的整合阶段面对来自内外的阻力相对减少；另一方面，应对复杂性难题的能力在不断增长。资源整合是一项复杂的系统工程，不仅涉及具体的实务操作，还涉及对相关政策的理解和把握等。目前，国企民企更加注重整合前的评估研究工作，在资源整合过程中更加突出系统性，及时评估和修正，提高了资源整合的水平。

3. 国企民企资源整合的数量不断上升，整合方式逐渐科学化

2016 年中央经济工作会议明确提出，"混合所有制改革是国企改革的重要突破口"。目前在中央企业，混改企业占比已达 70%，而继续推进混改仍有较大的空间。[①] 通过改革重组，一方面改革国有企业的体制机制，能够更好地适应快速变化的市场经济；另一方面，可以发挥国企民企各自优势。通过科学的资源整合，使国有企业在资源、人才、技术等方面的优势与民营企业在企业生产经营与体制机制上的优势相结合，

---

① 中华人民共和国国务院新闻办公室. 央企混改企业数量已达 70% ［Z］. http：//www. scio. gov. cn/xwfbh/xwbfbh/wqfbh/39595/41933/zy41937/document/1666498/1666498. html.

最终形成"1+1>2"的良好效果。2019年央企累计实现营业收入35.9万亿元，同比增长6.0%；实现利润总额2.3万亿元，同比增长8.7%，总体上企业经营效益稳步上升。①

与国企民企资源整合情况相适应，我国国企民企资源整合方式也逐渐地科学化。主要体现在：一方面，整合方式由粗糙走向细致。伴随企业资源整合的不断推进，国企民企越来越注重依据具体整合对象和整合情况，采取差别对待、重点突出、循序渐进、全面协调的细致的整合方式；另一方面，整合方式由经验走向科学。以往的国企民企资源整合方式多依靠于领导层对整合的认识和经验，缺少专门的整合人才，更不具备系统化的整合理论指导。现阶段，国企民企资源整合过程中逐步引进专门整合人才，并注重发挥其重要作用，强调资源整合理论的研究及其在实践中的应用，使整合方法更加专业化、理论化和系统化。

（二）国企民企资源整合的模式

目前我国国企民企资源整合的形式多种多样，内容非常丰富，主要的资源整合形式包括：企业之间的相互参股与控股、同行业之间优势产品的整合、兼并重组形成资源共享的新企业。

1. 企业之间相互参股与控股模式

企业之间的相互参股与控股模式主要是由于不同行业中不同所有制对差异性分工进行不同选择所引发形成的，是对国企民企进行资本整合，股份制改造过程中成效的体现。常见的具体表现形式有国企控股民企参股、民企控股国企参股这两种模式。此模式有利于实现投资主体多

---

① 财政部资产管理司. 2019年1~12月全国国有及国有控股企业经济运行情况［Z］. http：//zcgls. mof. cn/qiyeyunxingdongtai/202001/t20200120_3462158. html.

元化的战略目标。

对于主业处于充分竞争行业和领域的商业类国有企业，积极引入民间资本，国企民企相互参股控股的程度由市场发展客观规律及企业自身战略目标而定，不设定要求与规定限定国企民企的持股比例及合作形式，进行融合发展的国企民企可根据自身目标需求来选择是进行国企控股民企参股还是民企控股国企参股。选择此种融合模式的企业将改革重点放在加大科技研发力度，实施创新驱动发展战略上，重点考核企业经营业绩指标、国有资产保值增值和市场竞争能力。

对于主业处于关系国家安全、国民经济命脉的重要行业和关键领域，保持国有资本控股地位，并支持民企资本参股。将国企进行类型划分，按照不同类型企业采取相应的混合政策措施。对于交通枢纽的基础建设，主要为国有独资或控股企业进行参与，部分符合条件的民企允许参加。重要的战略性资源的开发利用行业，实行国有独资或绝对控股，在强化环境、质量、安全监管的基础上，允许民营资本进入，依法依规有序参与开发经营。在江河主干渠道、石油天然气主干管网等领域，根据不同行业领域特点实行网运分开、主辅分离，除对自然垄断环节的管网实行国有独资或绝对控股外，放开竞争性业务，允许非国有资本平等进入，提高行业活力与生产效率。支持民企以及社会资本投资参股，参与特许经营和政府采购；粮食、石油、天然气等战略物资国家储备领域保持国有独资或控股。对其他服务国家战略目标、重要前瞻性战略性产业、生态环境保护、共用技术平台等重要行业和关键领域，加大国有企业投资力度，发挥国有企业在行业中的先锋带动作用。对于这些行业领域中绝对控股的国企而言，吸收部分民营资本会利于企业股份制改造，在获益于股权分散效应成果的同时即便是控股份额略有下降也不会撼动其行业优势地位。

对于生产公益性产品并提供相关服务的行业领域，可采用国有独资，也可以投资主体多元化。通过购买服务、特许经营、委托代理等方式鼓励民企参与经营，重点考核成本控制、产品服务质量、营运效率和保障能力。

企业之间相互参股控股的融合模式，促进不同类型的国企民企纳入不同的改革措施中，不同类型企业有着不同的内部结构与外部市场环境，首先，这种做法有利于差异化的改革措施，为不同的企业量身制订不同方案；其次，国企民企资源整合的过程中，不同类型企业的改革步骤、路径、地位与影响都不同，便于更加精准化与定向化的改革；最后，分类也为将来进一步探索我国企业的差异化治理方式开启了新的方向，未来国企民企的管理方式也将更加灵活。

2. 国企民企优势产品整合模式

国企民企优势产品或支柱产品在生产及销售环节的优势互补，可以帮助企业形成产品规模优势和市场优势。这种优势产品的整合，能够有效扩大市场份额，抢占市场龙头地位，是以产业为核心的点状辐射。企业优势产品整合需要注重国企民企所在的行业领域以及产品的特点，避免盲目地进行产品整合。国企民企在进行产品整合时需要综合考虑整合阶段、产业选择、价值链比较分析、企业战略目的等多个要素，从而提高整合成功的可能性。总的来说，适于进行产品整合的行业，一般具有市场容量大、规模经济效应或者范围经济效应明显，具备行业共性技术、商业运作模式同质化程度高的特点。

国企民企的优势产品整合使国企民企融合发展过程中取得了显著的双赢效果。首先，产品技术呈现分散化趋势，单一企业很难拥有生产某一产品的全部技术。通过优势产品的整合，产业延伸端合资，主业不混，但产业链延伸部分相互融合，可以使企业外部资源内部化，可以最大限度避免国企民企同类产品过度竞争，利用共有资源，促进同类产品的整合、改造与提升，强化产品核心竞争力。其次，在市场多元化，市场竞争多层面的局势下，企业核心竞争力的强化突出表现在潜在市场的开发和生成能力上。国企民企通过优势产品的整合，有利于在生产、营销、服务、管理等一系列环节中，形成具有独特优势的关键技术、关键机制，从而更易于抢占市场先机，把握市场总体态势，强化企业核心竞争力。再次，这种双赢模式还可以提升国企民企优势产品或支柱性产品在省内外、国内外不同地区间市场的竞争优势，对于加快区域经济的发展起到积极作用。

目前，一汽集团与华为已经签订战略框架，推动双方的优势能够更好地结合，形成扩散效应。中国一汽是国有大型汽车企业集团，经过六十多年的发展，在产品研发、技术积累、自主创新、生产制造、产品销售和人才队伍建设等方面积累了厚重的基础，拥有庞大的用户群体和广阔的市场空间。华为公司是中国极具活力的优秀民营科技公司，其产品主要涉及通信网络中的交换网络、传输网络、无线及有线固定接入网络和数据通信网络及无线终端产品。在双方的战略合作过程中，华为能够为一汽集团提供车联网解决方案，通过统一的 API 屏蔽不同车型的差异，自由选择服务开发商，快速导入新车型、开发新业务；嵌入式大数据实现 CAN 与传感器数据解析、实时车辆监控与跟踪、实时消息订阅，更加灵活地支持多种业务实现，构筑端到端的车联网安全框架。两者的优势互补，将有效促进企业双方在车联网、智能汽车、信息化管理、国际化发展等领域展开多层次的深入合作，同时加速我国现代信息技术在汽车行业的应用。

3. 兼并重组形成资源共享的新企业模式

兼并重组形成资源共享的新企业模式对国企民企而言主要是互补资

源间的融合统一，既包括人力、财力、组织架构、物资原料等各种有形资源的融合，也包括制度、品牌和企业文化、技术、经营管理理念等无形资源的融合。在兼并重组的过程中，双方通过协商达成共识的战略目标、经营机制和管理体制等。一般实力悬殊且能够优势互补的国企民企采取该模式，实力雄厚的一方企业通常会采取兼并重组的方式吸收实力相对薄弱的另一方，这是市场发展的必然结果，同时有利于整合资源。

在现实经济活动中按主体兼并重组方的企业性质划分既有国企主动兼并民企也有民企主动兼并国企的形式出现，其中对于国企兼并民企的模式较为常见的是国有企业子公司以增值换股及合作上市等方式，获取民营企业股权，进而使子公司实现多元化的产权结构而母公司仍保持国有独资形式。这种形式有利于企业融资，扩大规模，实现产权多元化，确保双方企业均能在良好的行业态势下实现合作共赢。例如，中国最大的粮油食品企业中粮集团有限公司联手厚朴基金以港币每股 17.6 元的价格投资 61 亿港币收购蒙牛公司 20% 的股权。① 中粮集团作为大型国有企业，通过收购蒙牛不仅可以为自己打开乳制品领域的大门，而且可以吸收蒙牛的优质乳业生产资源与生产技术。有助于中粮集团在国际化产业链优势的基础上，打造特色品牌，实现价值链延展并带来更大成长空间。

此外，国企民企进行兼并重组形成资源共享的过程中不仅仅是对原有双方资本的简单组合，在兼并重组中还要注重对双方企业内部体制和技术工艺方面的自主创新能力的培养，这样才促进新企业的可持续发展。

兼并重组模式在国企民企"双赢"融合发展过程中发挥重要作用。其一，兼并重组有利于发挥协同效应。在生产领域，国企民企的生产资

---

① 中华人民共和国中央人民政府．中粮集团 6 日宣布入股蒙牛收购价高达 61 亿港币 [Z]．http：//www.gov.cn/govweb/jrzg/2009－07/06/content_1358661. html.

料可以进行重新整合，双方可以对其共同拥有并使用，在一定程度上扩大了国企民企的生产资料拥有量，有利于提高企业的生产能力；在市场及分配领域，兼并重组后的企业将拥有更大的市场份额，对于市场变化的应对能力将增强；在财务领域，企业将拥有更多资产，可以调配更多资源，同时可以享受国家部分税收优惠；在人事领域，兼并重组后企业将拥有更多人才，同时企业管理方面，在吸收国企民企先进的管理经验基础上创新企业管理方式，形成新的管理模式。其二，兼并重组的新企业更易获得规模效益。国企民企通过并购使企业资产得到调整，实现规模经济，提高资源使用效率。此外，兼并重组后，企业的管理费用分摊的范围将扩大，从而单位产品的管理费用降低，有利于企业集中各类资源用于新技术、新产品的开发。其三，参与兼并重组的国企民企可实现价值增值。实施兼并重组后，企业能够获得更多资金，有利于扩大生产规模，控制成本价格，提高生产技术，有效降低企业风险，提高企业盈利总额。同时，兼并重组后新企业竞争力得到提高，社会认可度提升，在证券市场上一般表现为股价上扬，社会预期较好。

二、国企民企创新行为的发展现状

（一）国企民企制度创新的发展现状

1. 国企制度创新的发展现状

国企经过多年的改革发展，目前已拥有完全的用人自主权，劳动用工已基本实现市场化和规范化。国企不断加强岗位优化，科学设置岗位，规范定岗定编，按照现代化企业发展要求加强劳动用工计划管理。按照公开公平、平等竞争的原则，建立起与岗位相匹配的人才选拔机制。企业与职工依法签订劳动合同，接轨各种社会保险，淡化职工的国有身份，变"国企人"为"社会人"。转变用工观念，创新用工方式，降低用工成本和用工风险。健全员工职业发展路径，建立满足各类人才共同发展的内部培训体系。严格员工绩效考核机制，充分运用考核结果，健全员工退出通道。

参照现代企业制度，国企目前正在努力建设管理人员市场化选聘制度，实行岗位的科学管理，将实行契约化管理和聘任制，对企业的管理层实行岗位管理，中层以下管理人员依据工作表现进行适当调整，完善并加强董事会功能，健全公司法人治理结构，构建分类分层的企业领导人员管理体制。从 2014 年开始，国务院国资委在宝钢、新兴际华、中国节能、中国建材、国药集团等五家中央企业落实了董事会选聘和管理经营层成员的职权。珠海市提出将加快推进市管企业领导人员选拔任用制度改革，建立与市场经济体制和现代企业制度相适应的职业经理人制度，形成市场化选人用人新机制，其中，主业处于充分竞争行业和领域的商业类企业，体制机制创新试点企业，将以市场化选聘为主，建立职业经理人制度；公司治理机制完善、董事会建设规范、具备条件的公益类企业和非竞争性企业，将试点推行市场化选聘，不断增加市场化选聘比例。

目前，许多国企正在建立以绩效为导向与基础的薪酬管理体系。相对于传统的薪酬体系，新的薪酬管理体系更能体现"多劳多得"的特点。以绩效作为工作考核的依据，能够合理拉开收入分配差距，激发职工的工作积极性和主动性，从而提高企业效益。一些国企在薪酬改革方面积极探索，完全按照企业经营绩效设计薪酬激励机制。贵州茅台集团于 2017 年 5 月通过了《薪酬制度研究工作方案》，开启茅台集团的薪酬制度改革。茅台集团主要着眼于解决各系统薪酬水平失衡、结构碎片化、岗位不明及分配"大锅饭"等突出矛盾，逐步建立以岗位价值为基础，反映劳动力市场价值，企业经济效益和个人绩效紧密挂钩的薪酬制度和增长机制。茅台集团下一阶段将对岗位价值进行有效评估，确保分配的合理性，并建立健全多元化薪酬体系，确保分配的科学性和分配制度的公平性。

2. 民企制度创新的发展现状

我国民企规模大小不一，部分民企还保留着家庭、家族色彩。家族制企业在发展的过程中不断进行制度创新，为家族制企业增添时代内涵。其中一部分企业，管理较为简单，家族制人力资源的排他性局限性对企业并未产生较大的负面影响；而家族成员之间自我约束、自我牺牲精神的天然存在，更加利于在增强企业凝聚力的同时大大节约了企业管理费用。其次，伴随经济社会发展需求，家族制企业在发展过程中，逐渐完善企业制度文化，增加科学合理决策成分，发挥类似于现代企业制度中的股东大会的作用，帮助企业决策合理化。家族制企业的制度创新在结构上的稳定性上显著优于非家族制企业。

部分规模较大的民企为适应企业发展需要，引进了股份合作制或员工持股制。员工持股计划的引入对于促进民企现代化经营，提高企业生产率具有重大意义。

首先，员工持股计划使员工不仅是企业的劳动者而且还是所有者，可以从公司发展中受益，从而提高员工主动性和工作积极性；其次，通过员工持股计划可以增加企业的凝聚力，因为员工与企业成为利益共同体，这有利于企业挖掘内部发展动力；再次，员工通过员工持股计划成为企业的股东，能够参与企业的日常管理，员工将结合自身工作为企业献计献策，将促进改善公司治理水平与生产水平；最后，员工持股计划的实施有利于社会资金积极参与资本市场进行优化配置，有助于提供资本市场服务实体经济的效能，促进国民经济的高质量发展。

（二）国企民企管理创新的发展现状

1. 国企管理创新的发展现状

在推进现代企业管理过程中，国企正在积极进行管理理念的创新。在我国现阶段，国企正在积极探索社会主义市场化发展道路，在国企内部进行管理观念的转变。由以往计划经济时期下单纯追求政绩的观念向承担盈亏责任的自我管理理念转变，培养追求经济效益的市场意识。并且，从片面追求利润最大化向对社会发展、生存环境和用户负责的多元化目标转变，积极迎接市场变化要求。在提高企业水平的过程中，以国际先进管理水平为标准，强调各种现代化管理方法和管理技术的集成运用。

在管理体制方面，国企积极推进管理体制创新，在组织形式、管理模式、公司治理架构上推陈出新。按照创新、协调、绿色、开放、共享的发展理念要求，国企积极推进结构调整、创新发展、布局优化，结合行业环境中的企业战略和竞争优势，解放思想，顺应社会经济发展调整管理体制，使国企在供给侧结构性改革中发挥更多的带动作用。

2. 民企管理创新的发展现状

供给侧结构性改革，就是要从提高供给质量出发，用改革的办法推进结构调整，矫正要素配置扭曲，扩大有效供给，这是推进供给侧结构性改革背景下民企管理创新的出发点。民营企业必须结合社会经济发展需要，吸收国际国内最新的管理思想和理念，从传统的"物化管理"理念，转向以人为本，人力资源开发与管理为核心的"人本管理"管理思想，推行市场化的激励机制，激发企业职工活力，优化企业人员结构、合理配置资源，使民企的各类资源效用最大化，提高供给的数量与质量。

企业结构创新是企业发展速度、规模和质量的决定性因素。目前，民企正在顺应供给侧改革要求进行结构调整，实行专业化管理，实现企业再造。大部分民企在实行现代公司制后，重新理顺主业和辅业、生产和服务、生产和基地的关系，实行主业、辅业分离，生产加工和原料基地分离，生产与服务分离，转变过去的复合式管理为专业化管理，提升管理效率。通过企业结构创新，民企将更多投入"事务性工作"的精力和资源转移到"战略性工作"之中，实现企业的战略调整。

（三）国企民企技术创新的发展现状

1. 国企技术创新的发展现状

国企在国家经济发展中地位十分重要，是中国企业参与国际竞争的骨干力量。截至 2017 年 8 月末，国有企业资产总额 1463302. 2 亿元，同比增长 11%。截至 2018 年 12 月末，国有资产总额 178. 75 万亿元，同比增长 8.4%。2020 年 1 ~ 8 月，国有企业营业总收入 382568. 6 亿元，同比下降 2.1%；国有企业利润总额 18169.8 亿元，同比下降 24.2%。[1] 2020 年《财富》世界 500 强排行榜中，中国（含香港）上榜公司为 124 家，历史上首次超越美国的 121 家。其中，国务院国资委出资、监管的 48 家中央企业入围，与 2019 年持平；32 家地方国有企业榜上有名，新增 4 家，充分展示了我国国有企业的经济实力和其在全球化竞争中的形象与地位。[2]

---

① 中华人民共和国中央人民政府. 2020 年 1 - 8 月全国国有及国有控股企业经济运行情况 [Z]. http：//www. gov. cn/xinwen/2020 – 09/23/content_5546544. html.

② 国务院国有资产监督管理委员会. 独家解读 2020 年《财富》世界五百强上榜国企名单 [Z]. http：//www. sasac. gov. cn/n2588020/n2877938/n2879597/n2879599/c15347659/content. html.

国有企业全力加快技术创新的步伐，大部分国有企业正在有计划地建设技术研发机构，并积极与地方高校和科研机构合作，共同进行行业技术研究。在《2006－2020 国家中长期发展纲要》中确定的 11 个重点领域，国企全部参与其中。2019 年，国家知识产权局共受理发明专利申请量为 140.1 万件，共授权发明专利 45.3 万件，其中，中国石油化工股份有限公司申请专利 2883 件，位居第二。① 这体现了国企正在坚持以质量求发展的道路，始终坚持把技术质量作为企业核心竞争力来培育。

国企掌握着国民经济的命脉，影响着国家经济的发展方向，在国家高新技术产业领域中发挥着先导作用。高新技术产业代表着技术创新与未来产业发展的方向，得到国家的大力支持与推动，其中在新能源建设方面，国企有风能发电、光伏产业；在信息网建设中，国家电信企业自主研发，在 5G 领域具有多项的自主知识产权；在高端制造业中，大型客车、先进航天器、高速铁路等重大项目国企都参与了建设。国企掌握政策扶持与资源优势，在未来国家技术创新驱动发展的过程中更应该发挥示范作用。

2. 民企技术创新的发展现状

近年来，随着国家区域经济发展战略的不断深化，政府在招商引资政策、地方财政投入、企业融资等方面逐步加大投入，以扶持民企的发展。根据科学技术部统计数据，截至 2018 年底，全国众创空间数量已达 6959 家，总收入 182.92 亿元；服务的团队和企业 40.85 万家，享受财政资金支持 33.59 亿元，创业就业人数超 160 万人。②

---

① 中华人民共和国中央人民政府 . 国家知识产权局就 2019 年主要工作统计数据及有关情况举行新闻发布会［Z］. http：//www. gov. cn/xinwen/2020－01/15/content_5469519. html.

② 科学技术部火炬高技术产业开发中心 . 2018 年众创空间主要经济指标［Z］. http：//www. chinatorch. org. cn/kjfw/tjsj/201912/aab916063d3c490cb2d8893e2f8b9db4. shtml.

我国民企是伴随我国社会主义市场经济的发展而发展的，面对激烈的市场竞争以及国企的物质资源优势，民企必须依靠创新提升自身实力。民企依靠科技创新迅速发展对我国其他企业开展创新具有很好的启示和借鉴作用。以深圳市为例，该城市超80%的高新技术企业为民营企业，超过70%的发明专利由民营经济创造。① 再以华为公司为例，1987年创立于深圳，华为初期为一家生产用户交换机（PBX）的香港公司的销售代理。截至2019年底，华为累计获得授权专利85000余件。2019年，华为官方公布的数据显示，华为研发人员约9.6万名，占公司总人数49%。研发费用支出为人民币1317亿元，约占销售收入的15.3%。②

第四节 国企民企资源整合与创新行为
存在的问题及原因剖析

一、国企民企资源整合存在的问题

（一）混合所有制的产权结构不合理

我国作为社会主义国家，国有企业在我国社会主义现代化建设中发

① 中国保护知识产权网. 广东深圳：73%授权发明专利来自民营企业［Z］. http：//ipr. mofcom. gov. cn/article/gnxw/zfbm/zfbmdf/gd/201907/1939510. html.

② 华为2019年年报［Z］. https：//www. huawei. com/cn/annual－report/2019？ ic_medium＝hwdc&ic_source＝corp_banner1_annualreport.

挥着举足轻重的作用，国有经济是国民经济的支柱，发挥着主导作用。截至 2018 年 12 月末，国有资产总额 178.75 万亿元，同比增长 8.4%。① 国有经济在重要环节和关键领域保持着控制力，比如煤炭、钢铁、有色金属、石油化工等行业。我国对于国有资本的布局要求是，国有资本应该重点投向关系国家安全、国民经济命脉和国计民生的重要行业和关键领域，向重点基础设施集中，向前瞻性战略性产业集中，向具有核心竞争力的优势企业集中。但在实际操作过程中，大部分股份制企业（包括竞争性领域的国有企业）国有股权比重都超过 51%，以保证国有经济的绝对控股。② 混合所有制企业中，国有经济绝对控股一定程度上会影响其他所有制经济对企业的经营管理，会降低非公有制经济部分对于企业决策管理的参与度，从而降低企业的经营效率。

（二）混合所有制企业内部经营目标不一致

混合所有制企业内部包含来自不同性质企业的所有制股东。代表国家利益的国有股权股东属于国有资产的委托代理人，其经营目标是社会利益最大化，服务于社会群众；民企股权的股东代表着民企的经营发展需求，其经营目标是压缩生产经营成本的同时，追求最大化的企业利益。经营目标的差异必然会引起不同性质的股东在混合所有制企业经营中出现摩擦，企业内部的意见不一致会使企业决策效率低下，增加了企业内部沟通和决策成本。并且部分混合所有制企业股权结构的不合理，会侵害部分股东的利益，影响企业的凝聚力与向心力，严重影响企业经

① 央广网．财政部：2018 年我国国有企业利润同比增长 12.9%［Z］．https：//baijiahao. baidu. com/s？id＝1623454170010102563&wfr＝spider&for＝pc.

② 王钧．中国上市公司的制度性利益冲突［J］．北大法律评论，2001（1）：82－117.

营效率，因而混合所有制企业内部经营目标差异是混合所有制经济发展面临的障碍之一。

（三）混合所有制企业在经营过程中的行政化

混合所有制企业特别是国有经济控股的混合所有制企业中，国资委既是代表国家的出资人，又是监管机构，拥有行政决策权、经营权与监督权，难以形成有效牵制，使监管丧失实质效果，内部运行效率低下，甚至导致腐败，最终不利于公司的发展。并且部分企业改制后，基本上继续由上级行政命令指派经营者，依旧由政府按任命干部的方式挑选代理人，并且公司大部分仍旧由原来的经营团体继续管理。这种公司重要人事的任免与考核的行政化管理不符合市场经济的要求，也不符合现代商事法律基本精神。股东大会在选举董事会方面无法行使相应的权力。仅在制订分红方案时发挥有限作用，民营企业股东实际上较少能参与、了解决策过程，董事会形同虚设。这种行政化管理方式严重影响员工的积极性，使民营企业家对混合所有制经济丧失信心。在企业决策机制方面，混合所有制企业中，国有资产特殊性对企业诸多决策产生了较大影响，需要上报政府或者相关职能单位进行审批，降低决策效率，影响企业决策的时效性。

（四）国企民企内部管理体制的差异性使整合存在巨大冲突

国企在我国的发展时间较长，在日常的生产经营中带有计划经济时期的特点，生产经营要按照国家经济需要。尽管国企改革正在深入推进，但是国企复杂的体制机制仍然是改革的难题。与国企相比，民企是社会主义市场经济的产物，具有更市场化的特点。国企与民企在人事、财务、组织、企业文化上都具有较大的差异，直接决定了国企民企资源整合难度。

国企民企在长期生产经营中形成各自的企业文化，企业性质的差异使其企业文化也存在很大差异。国有企业有很多优良的传统和文化，包括奉献精神、社会责任意识等，追求社会和谐，人员稳定。但是由于国家长期对国有企业在各方面给予扶持照顾，致使企业文化中普遍存在官僚主义作风，竞争意识弱，企业文化中缺乏创新。民营企业则私有化的理念偏重，在生产经营中形成企业自己的企业价值观、企业经营哲学、企业制度、行为准则等，以竞争为企业文化的核心，企业考核员工的标准偏重能力和人际，其文化的本质还是对效率和利益的追求。民企对于人员的管理更加灵活、开放，鼓励各类人才充分竞争，有利于企业之间资源的流动配置。这种企业文化的差异会导致国企民企管理体制的冲突，使国企民企在资源整合的过程矛盾重重，来自不同性质企业的员工和领导层在对事务的处理和人事任免等诸多方面的矛盾冲突，严重影响企业经营效率。

二、国企民企创新行为存在的问题

（一）企业制度创新成本较高

企业制度创新是企业根据生产力发展的需要，对企业内部的各种制度进行改革，甚至根据需要进行企业制度再造。企业制度创新就意味着企业要放弃原有制度的成本优势而投入大量时间、经济成本进行新制度的制定、执行、修正。目前，我国大多数企业参照现代企业制度标准，正在积极进行制度创新。但是企业制度创新在一定程度上增加了企业经营的沉淀成本和收益的不确定性，降低了市场对企业的效益预期，带来其他诸多问题。例如，在计划经济体制下，国有企业从原材料、员工、产品生产计划到销售都是根据国家计划，企业完全没有自主权，企业只管按国家计划生产。尽管改革开放以来，国企纷纷进行市场化改革，但在具体经营的过程中仍带有计划经济特点。并且国企的发展时间较长，长期积累的企业关系网络比较复杂。部分国企在努力建设管理人员市场化选聘制度，采取薪酬与绩效挂钩等市场化方式，一定程度上可以改善国有企业经营者的道德风险问题，将企业利益与个人利益绑定以提升个人工作动力，但降低国企高管薪资水平却导致国有企业的经营问题更加严重。过低的工资水平将会导致逆向选择问题，优秀人才由于得不到公正待遇而纷纷离职跳槽，很多能力不足的人反而浑水摸鱼努力留在国有企业管理层，最终导致国有企业人才外流。即便工资与绩效挂钩，总体偏低的工资水平连人都留不住，激励就更加无从谈起。

（二）企业技术基础整体薄弱

伴随着"双创"的深入开展，国企民企开展研发活动的积极性有所提升。2019 年，我国 R&D 经费总量为 22143.6 亿元，比上年增加 2465.7 亿元，增长 12.5%。其中，企业 R&D 经费投入为 16921.8 亿元，占全社会 R&D 经费的 76.4%，企业对全社会研发经费增长的拉动作用进一步增强。2019 年，我国高技术制造业 R&D 经费投入强度达到 2.41%，我国研发经费投入强度连续 6 年超过 2%，一直呈增长趋势，但是与部分发达国家 2.5% ~4% 的平均水平相比还有距离。① 发达国家

①　国家统计局. 2019 年全国科技经费投入统计公报 ［Z］. http：//www. stats. gov. cn/tjsj/ zxfb/2020 08/t20200827_1786198. html.

企业一般都将销售额的 5% ~ 10% 用于企业的技术研发，而我国企业在研发投入上的平均水平为 1% ~ 2%。在企业研发实验室建设以及创新人才的储备与培养方面我国还有很大提升空间。

（三）企业组织架构不合理

国企民企目前已经整体上依法设置了相关的组织架构，并制定了相应的职能规范，但在实际执行的时候，组织架构却形同虚设。股东会、董事会、经理层三者合一，决策、执行、监督三权合一。所有者和经营者合一、所有权和经营权不分，严重阻碍着高层管理向职业经理人的转移；股东会、董事会和监事会形同虚设，从而导致企业的决策呈现出经验性、专断性和随意性特征，严重影响着企业的决策效率和发展速度。在我国民企中，股东大会是最高权力机关，董事会是执行机关，股东大会对董事会拥有最终的控制权。但是实际执行过程中，由于大股东的股权集中优势使得民企股东会对董事会的控制过于强大，董事会及其控制下的经理层缺乏足够的控制权，这种权利机制的失衡必然影响公司的正常运作以及目标的实现。

并且，国企民企的组织结构很少随着企业规模的发展壮大而做相应的调整，固定于一种组织结构，仍沿用原有的简单模式，使企业出现职责不清，各部门协作性差，导致管理混乱。另外部分企业盲目照搬国有或国外大型企业的组织结构，而忽视企业实际情况，结果造成效率低下，企业内部信息传递慢，部门职责不清，生产效率下降的问题。

（四）企业家精神缺失

企业家精神是企业家们所具有的共同特征，是一种独特个人素质、价值取向以及思维模式的抽象表达，是对企业家理性和非理性逻辑结构的一种超越、升华。企业家精神已经成为企业发展，特别是企业文化形成不可或缺的一部分。具体看来，企业家精神主要包括创新精神、冒险精神、敬业精神和执着精神几个方面。

由于国有大型企业缺乏企业家的选拔和成长机制，企业家的创新能力往往得不到应有的承认。在企业管理中受制于政府太多，不能体现企业家的精神。在这样的制度安排下，一些国企各级管理人员不求有功，但求无过，主动创新求变适应市场变化思想弱。虽然少数具有企业家精神的企业领导人通过大胆创新，创造了企业在某一时期的辉煌，但这种状况通常难以持续。

改革开放以来，中国民营经济最大的障碍是如何冲破既得利益集团设置的层层障碍。一些民营企业家在某事上一旦取得成功，就过分夸大主观作用，出现"大企业管理幻觉"，导致企业管理者从创业时的自信转变成自负，缺乏创新精神和敬业精神。无论是管理模式还是管理组织架构，刻意体现层次管理而降低效率，盲目追求规模而增加隐性成本，过度贪求市场效应而增加广告宣传费用，不切实际的多元发展分散并耗费了企业有限的资源。一旦资金断链，这些企业就面临着发展停滞甚至倒闭的危险。飞龙、三株、巨人、郑州亚细亚等企业的败局原因就在于此。

三、国企民企资源整合与创新行为存在问题的原因剖析

（一）创新环境有待优化

党的十八大将"鼓励创业"纳入促进就业的方针，强调要以促进

创业带动就业，加大创新创业人才培养支持力度，支持青年创业。各地已经认识到对于创业环境建设来说，政府资金和政策支持、创业文化以及有形的基础设施等历史与硬件条件尤为重要，各省相继建立创新创业示范基地，取得一定成绩。但是，在创新创业软环境方面，我国的建设力度还严重不足。

专业高效服务体系有利于营造成功创业的社会环境，目前我国正在减少各类审批手续事项，但是业务经办信息化建设程度与发达国家相比有一定差距。金融方面，目前我国各地政府都鼓励金融机构加大创业扶持，对金融机构发放小微企业贷款将按增量的一定比例给予补助，建立专门针对初创企业的财政专项补助基金，对符合条件的初创小微企业给予一定的财政贴息，降低小微企业的融资成本，扩大贷款覆盖人群范围，但是在实际的操作中由于各地初创小微企业的资质不同，专项补助基金的实施效果还不明显。我国在搭建创业信息交流宣传平台，传递创业市场供需信息，举办宣传、展示、推广活动等方面还有许多提升空间。

（二）社会中介服务体系不健全

由于规模分散、资金有限、技术薄弱，民企在成长与发展的过程中，需要一批专业的中介机构为其提供多方面的服务与指导，如在投资、资产评估、会计审计、法律保证、设计建设监理等方面建立面向中小企业的社会中介服务体系尤为重要。但受我国目前产业集群公共产品供给能力所限，同时相关联的产业支持不足，致使该体系尚未形成。

对于社会各类服务资源的充分利用，可以积极促进企业专业化分工合作，降低生产成本，使企业更具核心竞争力。但是目前，国内大多数中介机构收费变高，与民企的可接受范围相差较大，导致企业对于中介机构服务的需求偏低，从而使中介机构服务体系的建立更加困难。

并且尽管目前国内企业咨询机构较多，但是权威性、专业性咨询机构较少。国企民企资源整合与创新的过程中涉及的业务较为复杂，需要专业并且具有经验的咨询机构，一般的咨询机构无法提供有效的咨询建议。部分机构业务定位不清晰、缺乏核心竞争力，过低的专业化水平，无法达到客户的综合要求，相当部分从业人员专业能力、服务经验不足，对国际通行惯例和国内外经营理念的差别缺乏了解，与国际市场上的专业咨询服务机构的水平差距较大。企业与中介服务机构之间需要更高效且多样化的沟通方式，以促进企业合作的实现。

（三）产权界定模糊

我国民企是伴随市场经济的发展而出现的，受过去长期的计划经济影响，我国的民企发展水平整体还不够高，民企的产权界定在实践中还比较混乱。而国企由于在现实经营中所有者缺位，产权不清的现象比较明显。

大体上，我国产权明晰应包含以下三个主要领域，分别为国有企业、民营企业、事业单位。国有企业当中，部分国有企业在较长发展历程中存在较为复杂的遗留的债权、债务问题。民营企业的产权界定问题则更复杂，由于我国的经济发展历程较为特殊，民营企业以多种形式存在，包括国有、集体、私有等合作形式，其产权关系也复杂混乱，关系到各级地方政府及企业实际投资人和员工等，很难以我国目前的法律和各部门规章的规定对其产权进行清晰的界定。最后，事业单位如医院、学校、科研院所等，现实中，相当一部分已在企业化运行。事业单位数量较大，产权界定目前尚存在很多不确定因素，因资产所属不明已严重影响到其体制改革的进度。

此外，部分国企民企存在企业产权的封闭性问题，产权流动性低。这不仅增加了企业的融资成本，还提高了企业产权进入社会交易市场的门槛。当企业的规模扩大带来更多的资本需求时，潜在的外来投资无法进入企业产权，进而无法打破企业产权单一的结构，不利于企业的进一步成长壮大。

（四）治理机制不完善

目前，我国80%～90%的中小企业都是民营企业，尽管上市的民营企业在性质上已成为公众公司，但民营企业上市后由家族控股，股东层与经理层合一。[①] 这样就不能很好地激励职业经理人。约束和激励要同步提升，国有企业最大的公司治理问题是激励不到位，很多国企高级管理人员创新不足，就在于只有保障因素，而无激励因素，约束因素更谈不上。

根据现代企业管理理论观点，分享经济剩余有利于企业创新。做企业有三个层次：一是创造价值，主要是企业内部创新精神的升华；二是维护价值，使企业战略得以延续；三是分享价值，企业股东、员工、消费者分享经济剩余与成功。然而，在中国，维护价值不易，分享价值更难。不少企业管理者不愿与员工共享价值，缺少共享理念，认为核心员工只有奉献的义务，没有分享经济剩余回报的权利，导致核心员工创新精神受阻。

---

① 贾品荣. 中国经济缺乏企业家精神的驱动 [J]. 企业家信息，2007（7）：8－11.

第五节 基于资源整合的国企民企创新行为的探索

一、加强创新创业软环境建设

建立比较完善的政策扶持体系。各级政府及相关部门应以政策支持作为加强软环境建设的重要手段，研究制定关于促进战略性新兴产业、现代服务业、高层次人才集聚等方面的专项政策。严格落实守信践诺机制，按照建设进度、投资强度、投产达产、产值税收等主要指标，向企业兑现资金；坚持创新导向，将软环境建设工作与转变职能、下放权限有机结合，不断深化创新、寻求突破；坚持效果导向，真正做到让企业满意、群众满意和客商满意。

全力打造优质高效的政务环境。深入推进"放管服"改革，破解简政放权"中梗阻""最后一公里"等问题，研究启动"最多跑一次"改革，深入推进"一门式、一张网"政务服务改革，各开发区、各部门将按照所承接的行政管理职能理顺审批流程，进一步简化程序、减少环节、压缩时限。加快专线全网通建设、加强乡街公共服务中心标准化建设。全面开展"双随机一公开"监管工作。根据新增行政执法权力内容，重新梳理随机抽查事项清单，建立健全检查对象名录库和检查人员名录库，完善本部门随机抽查细则；主动协调工商部门，第一时间申请账号、录入相关信息，规范对企业生产经营活动的检查。

建立健全企业服务模式长效机制。持续开展企业走访活动，有针对性地开展驻区企业走访，充分了解企业需求和期盼，让企业在环境改善中真正获益。搭建政企交流平台，定期组织企业家座谈会或交流会，加强同企业家、企业高层管理团队的沟通。搭建企业间合作交流平台，适时协调组建相关产业协会，通过开展项目、技术、资金、人才对接和产品展示等交流活动，谋求企业共同发展。落实企业包保，搞好服务对接，协调解决企业困难，进一步提高企业满意度。

二、加大技术创新投入力度

研发投入是科技创新的物质基础和重要前提，研发投入强度与经济增长存在显著的正相关关系。政府及相关社会主体应该加大科技投入力度，提高科技经费使用效益。创新科技投入方式，尤其是民营企业，应当设置启动资金、补贴、技术指导、政策指导等机制，充分培养，大力扶助，使其成为应用性创新的主力军。对于大型国有企业长期存在的创新意愿不强、创新激励不足的问题，应当借助国企改革的机会，解决其创新动力不足的难题，例如以政府合作项目的形式推动其参与投入基础性科研，积极建设高层次人才队伍，积极与高校、各科研单位联合培养科技人才，有计划地选拔具有发展潜力的青年技术骨干，奖励有突出贡献的科技工作者。

三、建立健全合理的企业治理结构

产权的高分散性与强流动性有助于企业产权结构多元化，约束机制中的外部监控与内部监控相结合，有利于企业的科学可持续发展。建立健全合理的企业治理结构，就需要按照现代企业制度，以国企民企融合发展为出发点，建立股东大会、董事会、监事会，构建相互独立、权责分明同时能够相互制约的治理结构，严格按照《公司法》进行民主决策，科学管理。同时注重保护民企成分股东与小股东权益，鼓励员工积极为企业献计献策，营造积极、民主、活跃的气氛。我国国企民企治理结构的创新应立足于我国企业发展的基本情况，采用适度引进结合自主创新的方法，在引进部分本土化的过程中，逐渐摸索出一套与我国现阶段企业制度环境和企业发展阶段相适应且符合中国历史文化和传统习惯的企业治理机制。

四、建立健全职业经理人制度

现代企业制度要求企业经营权与所有权相分离，间接促使经理人市场的形成。在发达国家，80%的企业都由职业经理人经营管理。[①] 经营管理是企业统筹资源、创造价值的重要一环，而专业型人才又是这一环节中的关键要素。伴随着我国企业规模的扩张，我国企业对职业经理人的需求也格外迫切。不过当前时期，我国现有职业经理人体系建设还有待完善和规范。在党的十八届三中全会上习近平主席发表了关于"建立职业经理人制度，更好发挥企业家作用"的重要讲话，强调了职业经理人制度对于发展现代企业制度的重要性。

职业经理人是目前企业当中最具前景和活力的群体。不仅能够经营管理企业，还能积极促进企业获得经济效益的最大化。职业化的经理人，可以将企业效益与个人利益相挂钩，形成个人与企业同呼吸共命运的关系格局。因此，为了促使现代企业健康稳定地发展，需建立健全我国职业经理人市场，进一步促进企业家与职业经理人有机结合，进一步

---

① 曾相. 问题出在中西方差异 [J]. 现代工商，2012（4）：10 – 11.

释放创新能力，实现我国国企民企的可持续发展。

五、完善企业信用体系建设

通过研究总结发达国家发展市场经济的普遍经验可知，建设信用体系对于我国建立社会主义计划经济至关重要。健全的信用体系对于市场的各主体更好地遵守市场规范具有强有力的约束力和导向功能。建立企业信用档案，能够增加外界对于企业的了解，方便企业间寻找资源整合对象。各地区的企业应该建立信用档案，并建立整个地区企业信用档案管理体系，如上海企业信用档案"信用长三角"信息平台。该平台可以提供包括工商、税务、金融信贷等 60 万个相关信用单位的企业准确的信用信息，可实现企业名称、法人、注册等八项信息的三地网上查询。信用体系的建立对于企业的进一步创新发展起到积极作用，同时也对企业形成制度约束，有利于企业的健康发展。

六、建立企业制度环境的监督与效果评估体系

为促进国企民企现代企业制度的科学可持续发展，政府应尽快构建起与现今企业制度相应的监督机制及效果评估机制。一方面，组建企业制度环境监督体系。监督体系可以由企业内部监督与外部监督两部分构成。企业内部监督由企业的监督机构监事会负责，在企业的日常生产经营中监督企业各项制度的执行情况。考核结果以及建议可反馈至股东大会、董事会与经理层，进行企业制度的调整。企业的外部监督可由注册会计师组织、证监会、企业协会等机构组成，形成企业外部监督网络，监督企业各方面制度。另一方面，组建和完善现代企业制度的评估体

系。目前我国企业尚未建立起统一的制度评估体系。建立有效的制度实施效果评估体系，首先必须确立一套规范的评估程序，通过科学的量化指标与评估方法，经过对各企业制度执行情况的仔细调研，确保信息真实有效；其次必须有专业的评估队伍，具有实际的企业管理经验与理论素养。通过评估体系的建设，及时反馈国企民企生产经营中的管理情况，为企业管理创新提供依据。

第八章

国企民企资源整合与创新行为的
内在互动耦合机制

制度耦合是指将制度体系内部各项制度有机地联结在一起，从而能够达成一个特定的目的，并对制度体系内的各成员形成有效的激励和约束。或者借用帕累托最优的概念，制度耦合是在现有资源的条件下，对现有各项制度的任何改变都不能增加总收益，从而使制度系统达到稳定的状态。制度的耦合性强调了各项制度之间的相互配合，各项制度在结构和功能上具有协调性和互补性，中国的国企民企之间的资源整合与创新发展也只有达到了内在的高度的耦合状态，实现二者之间的良性互动关系，才能促进中国国民经济发展进入健康且可持续的增长通道。中国的国企民企资源整合与创新发展的内在互动耦合机制的构建有利于"国企民企资源的有效整合→促进企业创新水平提高→形成企业更高层次的资源整合→产业结构调整和创新能力升级→促进中国国民经济稳定持续增长"这一良性循环逻辑链条的最终实现。

第一节　国企民企资源整合的必要性

一、国企民企资源整合符合企业做大做强的发展目标

资源无法实现自身价值的创造，整合也不是做简单的加减运算，资源整合是一个离不开其他资源的，在特定环境下，通过复杂作用，实现原有资源价值成倍增长的创造过程。通过国企民企对企业内部资源与外部资源、横向资源与纵向资源、个体资源与组织资源、传统资源与新资源等实施有效整合，使资源要素互相联系、互相作用，构成复杂广泛的交织网，并形成创造核心价值的战略资源，建立模仿壁垒，提高企业竞争力，使企业竞争对手模仿变得更加困难。从实践的观点来看，拥有大量资源或斥巨资进行新资源开发的企业，往往竞争优势并不明显或不可持续。而善于消化吸收理论知识，对已掌握知识进行再创造并能够在一定区域内整合优势资源，进而进行创新的企业，恰恰拥有优势竞争力且适应性较强，可以从众多竞争对手中脱颖而出。因此，通过获取、整合资源，国企民企能够在思路上创新，打破常规，改变原有的不适应发展的陈旧知识、陈旧技术以及陈旧经验，以形成新的竞争战略、新的产品、新的竞争力，促进国企民企实现做大做强的发展目标。

二、国企民企资源整合是混合所有制改革的内在要求

混合所有制改革是国有企业改革的重要举措，强调国企和民企之间

相互持股，相互融合。一方面，混合所有制改革不仅仅要求企业之间资本的混合，资本的融合只是混合所有制的外在表现，而更要求在此基础上，实现企业文化、经营哲学和价值观等方面的相互融合，即促进国企民企之间有形资源和无形资源更深层次和广义层面上的整合。另一方面，国企民企资源整合的重要前提是为国企民企搭建一个公平的资源整合平台，国企民企在公平的前提下进行交易是规避混合所有制下国有资本流失和民营企业被"强拉入股"等问题的基本要求。综合这两个方面，国企民企之间的资源整合不仅有利于混合所有制改革不流于表面，缓解国企民企之间的认知差异，真正实现国企民企之间的深度融合，还能够为混合所有制改革营造公平可靠的有利条件，增强混合所有制改革的制度效率，因此符合混合所有制改革的内在要义。

三、国企民企资源整合有利于打造世界一流企业

党的十九大再一次提出"一带一路"倡议，进一步深化供给侧改革，加快建设创新型国家，重申区域协调发展战略，这为国企民企自身发展与协同发展提供了前所未有的发展机遇。在经济全球化的大环境下，我国国企民企面对的竞争对手是规模庞大、竞争力极强的跨国公司，若想在国际竞争中占据有利地位，仅仅依靠央企还无法与具有较多国际经营经验的跨国公司抗衡。中国的国企民企可以通过资源的有效整合，形成具有较强国际竞争力的大企业大集团，共同培育具有中国特质的核心竞争优势，在国际产业链和价值链当中占据中高端，从而有利于在国际分工与资源配置中充当领军企业角色。通过国企民企资源整合，不仅有利于扩大企业规模，提高企业创新能力，而且有利于企业在体制机制、组织管理和文化层面实现变革，这符合打造世界

一流企业的内在要求。

第二节 企业资源整合对企业创新发展的影响机理

随着全球经济中不确定性因素的增加以及 5G 技术的飞速发展，大量的信息和知识变得零散化、碎片化，在这种情况下，企业要想实现产品更新、技术革新就需要整合大量异质性的信息、知识等资源。知识经济时代的市场更加复杂多变，企业的创新能力，是其取得竞争优势、得以持续发展的关键。但是，创新在带来可观的收益的同时，也隐含着巨大的风险。据统计，企业创新成功的概率仅有 30% 左右，其中失败的原因多种多样，主要体现在创新管理不到位，创新资源难以得到有效配置。故而，企业创新的首要条件是加强企业的资源管理。随着技术创新由独自开发向合作研发的转变，以及企业社会关系网络在经济全球化进程中的日趋完善，企业的技术创新离不开其所处的社会关系网络。置身于企业网络当中的国企民企需要适应时代和市场的动态变化，积极寻求合作机会，努力搭建资源整合平台。企业间的资源整合对企业创新发展的作用机制是构建中国国企民企资源整合与创新发展内在耦合机制的逻辑起点和基础，且会因企业所处的创新阶段和不同企业开展资源整合的阶段不同而存在作用机理上的差异。

一、企业资源整合对企业创新活动的影响路径

企业的创新活动是一个庞杂的系统，涉及企业、部门、各模块环节和员工之间信息与知识的交换，需要庞大的资源体系作为支撑才能顺利

运行，企业需要经过将众多未经系统化的零散资源进行融合的过程，才能保障其创新活动持续有效地开展。创新所依赖的知识、信息等隐性资源是建立在个人经验基础之上，尤其是知识资源依托于人才发挥作用，故对于这类资源竞争对手无法模仿习得，属于企业的核心竞争力。国企民企通过对知识、信息等资源的整合，既可以提高企业其他资源，如人力资源的利用效率，又可以促进这类隐性资源的再度获得、利用与融合，如此循环往复、螺旋上升，进而促使创新效率不断提高。

一方面，企业创新活动的起点是各种新构思的产生，企业资源整合作用于企业创新行为的起点，会推动技术、制度和管理等方面新思路、新理念的产生。在现阶段的知识经济时代和大数据时代，大量的碎片化信息和知识散落于不同性质的企业当中，由于资源利用主体自身的有限理性及其所处环境的局限性，很多有价值的信息和知识并没有得到充分的利用和挖掘，与此同时，较多重复性的冗余信息和知识资源沉淀于企业内部，这些沉淀资源的存在需要耗费企业大量的管理成本，从而阻碍了技术、制度和管理等方面创新构思的萌芽。企业间的资源整合有利于将资源配置到利用效率最高的主体和有效的情景当中，使得更多具有不同知识背景和素养的员工将自身所拥有的信息和知识相互协调并融合到一起，从而促进企业在技术、制度和管理等方面创新性思维构想的产生。

另一方面，企业创新活动的终点是追求创新成果的商业价值转化，企业之间的资源整合作用于企业创新行为的终端，会推动新的研发产品投入生产环节并发挥创新的商业化价值。与高校科研院所的技术研发不同，企业的技术创新作为一个更为复杂的系统，包括创新思路的产生和新产品的生产，其根本目的在于实现企业经济效益的最大化，从某种意义上讲，经济价值的实现与否是判断企业创新活动成功与失败的标准之一。因此，除了高级技术人员，企业的创新发展还涉及企业内部的企业家、销售渠道和各种组织资源，以及复杂的企业外部市场资源和社会资源。只有将众多资源相互适应、相互协调地整合到一起，企业的创新行为才能够顺利展开，其中任何一个环节资源的整合效果都关乎着企业整体创新活动的成败。

二、国企民企资源整合促进创新能力形成

企业的各种资源作为投入具体生产经营活动中的要素，在未经整合与配置的过程前是相互独立的，即便是企业的某些对创新活动起到关键作用的战略性资源，也并不具备提高效率、创造经济价值和提高创新能力的自发性。企业的创新能力根植于企业的资源整合过程当中，国企民企的创新能力需要在二者之间的资源整合过程中形成。企业之间资源整合的过程一般从资源识别开始，到新资源的获取、资源之间的融合，最后是资源在企业内部得到理解和吸收。

一方面，作为企业资源整合过程的起点，国企民企内部资源识别与获取是二者创新能力形成的基础。国企民企通过对自身和对方关键资源进行准确、系统、全方位的掌握和了解，并通过某种交易以成本相对较低的途径获取，才能构建促进创新能力提升的资源支撑。如果国企民企对自身的核心优势资源和劣势资源认识不清晰、不充分，会导致资源整合过程的盲目低效，关键资源无法获取，冗余资源沉积消耗企业管理成本；或者国企民企之间资源的交易受到阻碍，增加了国企民企之间资源整合的成本，同时也会导致企业的创新活动滞后于市场需求的变化，从而不利于企业创新能力的形成。

另一方面，作为企业资源整合的关键环节，国企民企资源的配置与

融合是企业创新能力形成的核心。企业在从外部获取资源之后，需要经过合理的分配，将其配置到企业利用效率最高的部门、环节和团队中，保证资源配置的公平性和效率性才能充分发挥资源的最大价值，从而促进企业创新能力的形成与提升。与此同时，外部资源与企业的内部资源不能只是单纯地进行简单配置和嫁接，必须经过二者的深度融合和有机统一，最终达到相互配合、相互协调和相互促进的效果，发挥国企和民企资源"1＋1＞2"的价值放大效应，才能使企业逐步培养自身的创新能力，否则，只是简单地复制与模仿并不利于企业的可持续发展。

第三节　企业创新行为对企业资源整合的作用机制

相较于政府和科研机构的创新行为，企业从事创新活动具有更强的能动性和自发的主动性。企业追求以最小的投入获取利润的最大化，将土地、劳动力、资本、管理及技术等资源要素有机结合起来，灵活地打通市场、技术和资本三个环节，根据需求自行优化结构，实现创新并提升效率。企业创新行为对企业资源整合的作用机制是构建中国的国企民企资源整合与创新发展内在耦合机制的中间桥梁，当国企民企在更高的层次上开展创新活动时，这也会促进国企和民企之间更高层次资源整合模式的形成。根据时代和环境的变化及要求，企业技术创新、管理创新和制度创新会推动国企和民企之间资源整合模式的解构与再造。

传统的企业技术"创新遵循创新技术架构形成—技术架构审核与市场可行性调研—技术研发—企业内部测试—公开市场测试—技术商业化投入应用"这一线性路径，这一技术创新路径仍然适用于传统行业，但在互联网经济下，面对消费者多样化的产业服务需求和日趋复杂的市场竞争环境，依靠这一传统线性路径实现企业技术的商业化变得不合时宜。因此，适应现今复杂环境变化的技术创新路径应是非线性的。企业为了开辟市场或率先占据市场份额，必须在新技术架构成熟时迅速在市场投入试用品，主动为消费者创造消费需求；同时对使用试用品的消费者企业要进行跟踪调查，收集消费者的反馈意见，不断实现技术创新。随着这种企业创新行为的持续开展，更高水平的动态创新能力要求国企和民企间的资源整合从偶然间断性的、基于所有权的企业间资源整合，向连续不断的、基于使用权的企业间资源整合转变。这里借用物理学的思想，高级的企业间资源整合可以理解为企业与企业之间持续不断的能量交换，国企民企在明晰自身优势资源和劣势资源的基础上，将基于劣势资源的业务和模块外包出去，把基于优势资源的业务和模块引进来，实现国企和民企间的优势互补和资源共享，最终实现资源利用效率的最大化。

国企民企间资源的高级整合需要企业各项创新行为的持续跟进，其中，互联网平台技术和企业结构的变革会对企业间高级的资源整合起到至关重要的作用。随着中国后互联网时代的到来，互联网技术已广泛应用于实体经济，它与传统商业模式的有效融合，带来了实体经济内部的深刻变革，进而催生了一种新的产业形态。以物联网、大数据、云计算为代表的新一代信息技术与传统产业的有机融合发展是后互联网时代的发展重点。物联网依托于大数据和云计算整合了消费者市场中的各种信息，这使得企业不仅能够在企业内部研发中心专注研发，也能够精准把握市场产品前沿信息，实现对消费市场的合理细分，进而从新细分的消费者市场中获得更多的创新思路；并且，企业对于新一代互联网技术的合理运用也符合新常态下创新驱动发展战略。此外，后互联网时代下"互联网＋"新型模式的出现让部分传统产业借助互联网技术实现了企业跨界融合和产业转型升级。但国内仍有部分国企存在经营理念滞后、经营活动落后等问题，这就需要企业运用互联网平台技术与互联网管理思维，促进国企民企资源实现跨界整合，有利于传统行业内企业发展驱动力由要素驱动转向创新驱动。

企业对互联网平台技术的开发和应用是国企民企之间高级资源整合的前提和基础。中国的国企民企可以利用互联网平台聚合大量的资源供应者和资源需求者，其核心功能在于对国企民企进行撮合，并实现交叉网络效应，对互联网平台的运营边际成本递减，边际收益递增，实现资源供给方和资源需求方的规模经济和范围经济，从而形成企业内外资源共享的技术基础，使我国的国企民企更有效地融入整个产业生态系统当中。

互联网信息和平台技术的开发、应用与推广有利于企业互联网式思维的萌芽与产生，这种互联网式思维可以应用于国企民企的制度设计和经营管理，从而形成企业的制度创新和管理创新。互联网平台技术的发展要求企业与外部的信息和资源交互更加迅速，与此相适应，中国的国企民企需要变革组织结构，从传统的组织架构向指数型组织结构转变。指数组织的概念是萨利姆·伊斯梅尔2014年在著作《指数型增长组织》中提出的，谷歌、Uber、小米、海尔都在率先尝试并应用指数型组织结构。在后互联网时代，传统型组织的内部稳定性和刚性无法更好地应对日益动态变化的外部环境，包括激烈的市场竞争和技术革新带来的外部冲击。指数型组织结构放弃了线性的组织形式，把由高管团队承担的责任和决策权更多地分配给员工，员工为了寻找解决方案以应对公司面临的特定挑战，需要自主地做出决定，并承担一定的风险。指数型组织结构通过将企业的各个部门、业务和模块进行分解，使员工专注于解决某项特定的问题。它激发员工的独立性，有利于发掘出更多的新思想和新方法，促进创新驱动的指数型增长。

与此同时，指数型组织可以相对灵活地将核心优势业务通过互联网平台吸引进来，将劣势业务外包出去。并且，指数型组织取代了传统的岗位聘任制，转而可以根据需求随时聘用员工。企业为员工提供平台资源，这就使每一个员工都成为企业资源引入和输出的对接口，为企业吸引更多大众群体以获取海量信息和知识资源。指数型企业以轻资产为主，用杠杆资产取代实体资产，降低了企业沉淀冗余资源的存量，促进企业管理成本的降低，从而更有利于组织的快速扩张和快速收缩，加速企业之间资源的内外交互，促进企业与所处产业生态圈进行能量交换，从而实现企业资源的高级整合。

第四节　企业间资源共享、创新驱动 发展和产业结构调整

如今，互联网技术的广泛应用为国企、民企实现生产方式、管理模式等方面的革新提供了契机，共享经济的发展和创新技术研发的合作化趋势要求中国企业家顺应时代潮流和市场动态，从线性的管理思维向网络化和指数型的思维方式转变。随着国企民企之间资源整合由初级整合向高级整合的过渡与转变，国企民企的资源整合模式和资源共享理念会在全社会范围内形成一种示范效应，这种示范效应向社会各个部门的延伸和推广有利于调整产业结构，提高社会的创新能力。企业之间资源的共享对创新驱动发展和产业结构调整的作用机制是构建各省市国企民企资源整合与创新发展内在耦合机制的最终环节。

一、国企民企资源共享对创新驱动发展与产业结构调整的作用机制

国企民企之间的资源交互共享有利于降低各自的创新成本，从而催生出更多新技术、新产品、新模式和新业态。国企民企之间的资源共享平台和网络能够连接更多具有不同知识背景的人力资源，集聚大众智慧、促进新知识呈指数型增长，并通过广泛的社会共享创造出多样化的新方法、新工具、新媒体、新思维等，进而推动社会的创新驱动发展。在国企民企之间的资源共享空间内部，产品和服务的生产者不再仅仅是隶属于企业的员工，还是可以通过提供产品和服务彰显自我的品牌价值。在传统的雇佣劳动关系当中，人们对企业的依附性较强，相较于企业的品牌，个人的自我品牌意识较弱。而共享经济为个体劳动者品牌效应的增强提供了有利的条件，相较于更空泛的企业商业品牌，人们对能贴近生活实际的个人商业品牌价值更为青睐，例如在 Airbnb 上提供旅行房屋租赁服务的房东和在知识共享平台上提供"知识"的老师等。因此，中国的国企民企资源共享平台应注重彰显个人的品牌和价值，充分发挥员工个人的才华和能力，充分利用员工个人的信息、知识和社会资源，让员工依托企业的平台提供更优质、多样化和个性化的产品和服务，充分利用企业的平台进行资源配置，同时使企业凭借员工的成就提高自身的知名度，企业员工创新的积极性和主动性才能得以提高，基于此，企业整体的创新动力和活力会被更充分地激发出来，在全社会当中形成勇于创新和冒险的风气和文化，推动社会实现创新驱动发展。

此外，产业结构合理化和高级化是产业结构调整的两方面。产业结构合理化是指各产业之间相互协调，能够在产业空间中形成良好的产业

集聚效应，并实现各产业之间的合理布局与配置；产业结构高级化，又称产业结构升级，是指产业结构在遵循产业演化规律的基础上向高级形式转化的过程。国企民企之间的资源共享会推动企业形态和经营模式的创新与变革，打破国企民企在产业链当中的边界划分。国企民企可以将自身不具备比较优势的业务和模块向对方进行外包，专注于把企业自身每一个小的优势模块和环节做精做细，最后通过市场化的方式组合在一起，在优化企业内部流程管理的同时，使国企民企的分工更加具有效率性，促进产业结构调整与升级。这一方面有利于淘汰落后产能，增强产业整体的服务化水平，促进产业结构合理化；另一方面，处于传统产业内的企业在专注于把传统产业内部的每个环节和模块做透做精的过程中，有利于提高传统产业的附加值水平，增强产业整体的精细化水平，促进产业结构的高级化。最终，通过国企民企之间持续不断的资源外包与共享，国企民企也会根据自身的优劣势资源和业务在整个产业当中自动形成"模块供应商—系统集成商—规则制定商"的角色分工，更加细化的、网络化的角色分工会促进整体产业结构的调整和优化。

二、国企民企资源共享促进经济绿色持续发展

我国的国有企业在国民经济发展中具有重要的影响力和导向作用，因此，随着国企民企之间资源共享方式的不断创新、共享渠道更加多元，共享资源更加多样，有利于在全社会助推共享经济的产生和发展。共享经济涉及资源供给方、资源需求方与第三方互联网平台等参与主体。从资源供给端来看，相对于出让闲置资源的所有权，转移使用权更有利于盘活存量资产，提高资源利用率和收益率，从而有利于扩大资源供给方的市场容量。从资源需求方来看，相对于获得资源的所有权，通

过租借的方式获得资源的使用权能够降低沉淀成本，有利于释放更加多样化和个性化的需求。从互联网平台提供端来看，共享经济平台集聚了大量资源供给方和资源需求方，节约了二者实现对接的交易成本，通过大数据等科学算法容易更快速更精准地实现供给与需求的匹配。与此同时，互联网平台只在开发阶段投入较大，本身的固定成本和沉淀成本较小，随着吸引的用户量不断增加，边际成本会不断降低直至为零。

由此可见，在共享经济的大环境下，一方面，国企民企资源共享提高了资源利用率，体现了个人闲置的资源使用权让渡于他人分享的共享经济核心理念。当前，在中国产能不均衡的形势下，中国的国企民企之间的资源共享既能消化国有企业的过剩产能，最大限度地发挥其冗余资源的价值，又能补充民营企业产能的相对不足，改善以往闲置资源配置浪费问题，从而实现企业经济活动中产能的动态均衡。另一方面，国企民企之间的资源共享降低了信息搜寻、谈判、协商等交易成本。中国的国企民企通过平台和互联网技术实现信息、知识、产能等资源的无缝对接与共享，有利于破解企业之间互动过程中信息不对称问题，避免市场失灵，从而降低交易成本，提高中国整体经济福利。

总体而言，国企民企之间的资源共享反映了共享经济的科学内涵，它既能契合人们的消费需求，发挥经济体中的存量资源优势，又有利于推动经济社会健康可持续发展。

第五节　国企民企资源整合与创新发展的内在互动耦合保障机制构建

国企民企资源整合与创新发展内在耦合机制涉及国企民企资源整合

对企业创新发展的作用机制，国企民企创新行为对企业资源高级整合的作用机制，以及国企民企资源共享对创新驱动发展和产业结构调整的作用机制三者有机组成，三种机制首尾相连，共同推进"国企民企资源有效的整合→促进企业创新水平提高→形成企业更高层次的资源整合→产业结构调整和创新能力升级→最终实现中国国民经济稳定持续增长"这一良性循环逻辑链条的实现。为了保障国企民企资源整合与创新发展的内在互动耦合机制的实现，需要国企民企共同探索和创新更加多样有效的资源整合模式，运用资源价值最大化的方式，同时，也需要各级政府从宏观视角进行顶层制度设计，减小国企民企间资源整合的政策或制度阻力，保障国企民企资源整合与创新发展内在互动耦合机制的顺利构建。

一、企业间资源整合模式探索

加强国企民企之间的资源共享与合作，是构建国企民企资源整合与创新发展内在互动耦合保障机制的根本要求，具体来说包括以下几个方面：

首先，国企民企可以在不改变企业股权结构、组织结构和经营管理方式的前提下开展合作。这种企业间资源整合模式是一种初级的、低层次的资源整合方式，仅仅保证了国企民企在平等机会和条件的市场平台上开展竞争与合作，国有企业发挥自身的资金优势和技术优势，民营企业发挥其劳动密集优势以及对市场的快速应应优势，共同协作，形成相互的激励和刺激，从而提高整个行业的创新水平。

其次，国企民企可以在仅改变经营管理形式的前提下进行资源的有效整合。国有企业可以将自身拥有的经营管理权委托于该领域更加专业的民营企业进行运作经营，并给予其一定的报酬奖励，这种类型的国企民企间的合作有利于更深层次地发挥双方各自的比较优势，在国有企业的约束下降低民营企业机会主义风险，运用充满锐气和激情、创新意识强烈的第二代新型民营企业家的企业家精神代替经营理念落后和路径依赖性较强的国有企业运营理念，有益于促进国有资产的盘活，充分利用国企的闲置资源，将资源配置到利用效率更大的主体身上，有利于实现资源价值的最大化。

最后，国企民企可以在双方股权结构、组织结构和经营管理形式都改变的情况下进行资源整合。这种类型的企业间合作有利于进行更深层次的国企民企资源整合共享，国企民企互相控股和参股，或者共同出资创立新企业，有利于减少国企民企间资源流通的障碍，大大提高资源整合的深度和广度。这种资源共享与合作方式不仅有利于有形资源的整合，同时也有利于人力资源、品牌资源、企业价值观等无形资源相互渗透。一般来说，拥有大量资源或斥巨资进行新资源开发的企业，往往竞争优势并不明显或不可持续，而善于消化吸收理论知识，对已掌握知识进行再创造并能够在一定区域内整合优势资源，进而进行创新的企业，恰恰拥有优势竞争力且适应性较强，可以从众多竞争对手中脱颖而出。因此，只有通过深度资源整合，国企民企才能够在思路上创新，打破常规，改变原有不适应发展的陈旧知识、陈旧技术以及陈旧经验，形成新的竞争战略、新的产品和新的竞争力。

国企民企可以相互借鉴对方先进的经营理念和管理方式，形成有利于适应外部动态市场环境变化的组织结构和管理制度，促进知识的快速流动、消化和理解。这种类型的企业间资源整合模式是一个极其漫长的过程，国企和民企各自的经营哲学相互碰撞和摩擦，因此运用这种方式进行资源整合也面临着失败的风险，这需要双方都以市场为导向，以顾客需求为核心，在企业使命、经营目标和发展战略等方面相互协作，实现更深层次、全方位、多角度的资源整合与共享，合作各方需要在市场化运作的前提下，采取科学有效措施，保障双方的权益和利益，努力实现国企民企之间有形资源与无形资源的流通与融合，真正有效地转换、消化和吸收双方或多方企业各类资源，提高企业的创新发展能力与水平，保障企业间合作效益最大化。

二、政府的宏观制度设计

国企民企资源整合与创新发展的内在互动耦合机制构建不仅需要国企民企对技术创新、体制创新以及资源整合模式的探索，同时需要中国中央和地方政府的总体引导与保障机制的构建。作为国企民企资源整合与创新发展的内在互动耦合机制当中的关键节点，即国企民企资源高级整合和共享已经成为一种共享经济范畴下的新型商业形态，颠覆了传统经济下的企业间资源整合模式。但中国的国企民企资源共享能否健康运行，我国共享经济能否可持续地发展，有赖于中国中央和地方政府在以下三个方面进行必要的制度设计和制度安排。

首先，需要建立和完善安全信用体系。国企民企之间的资源整合与共享经济是以完善的信用体系为共同根基的，没有完善的信用制度作为保障和支撑，国企民企资源整合的安全性就无法实现，从而会增加国企民企之间交换的不确定性，增加交易成本。政府安全信用体系的建立可以传统地通过工商、公安、税务、银行等部门建立信用记录，结合线上与互联网电商、媒体开展合作，实现线上和线下企业信用记录的全方位联网，构建更加系统的信用安全体系。

其次，需要加强建立和完善资源需求方的利益保障机制，在传统经济的商业模式下，为了保障资源需求方的利益，政府主要是通过制定针对供应方侵权和需求方保护的法律法规。在共享经济思想的指导下，我国政府一方面可以通过更加规范的平台互评机制约束资源供给方的行为，另一方面，政府应当从制度层面保障资源需求方的利益，基于对资源需求方的利益保护来规范供给方行为，从而使得我国国企民企之间的资源整合和共享能够健康可持续地运行。

最后，政府应当对共享经济的互联网平台加强监督和管理的力度，共享经济的互联网平台是资源供给方和资源需求方的"新中介"，它的定价机制是否合理、交易规则是否明晰和便捷，以及其他的运行模式都会影响到国企民企之间资源共享的广度和深度。因此，我国政府应当从互联网平台行业的自律标准、监督与管理主体的独立、监测指标体系的完善、市场准入和退出机制、市场主动信息披露制度等方面细化对资源共享互联网平台的监管。

第九章

国企民企资源有效整合及创新
能力提升的对策方略与路径选择

第一节 宏观层面

一、深化体制改革，明确政府职能

明确政府在企业创新行为中的职能定位，应重视政府在国企民企资源整合与创新发展中的主体作用，维护良好的创新竞争秩序，努力发挥政府在提升企业创新能力过程中的守夜人职能；重视政府在国企民企资源整合与创新发展中的战略引领作用，发挥政府因势利导的职能；重视政府在弥补市场机制调节不足过程中的重要作用，通过财政补贴、税收优惠等方式激励创新主体开展创新活动，发挥政府财政对基础研究与共性技术研发的资助功能；重视政府在国企民企创新系统内部产学研协同创新体系建设中的重要职能，发挥政府在创新体系内部协调不同创新主体间利益关系的职能；重视政府在创新系统建设中的公共服务职能，保障国企民企享受高质量、高效率的公共服务，提高国企民企在资源整合过程中的创新激励和创新热情。

首先，深化经济体制改革。由于地理原因和历史原因，我国长期以来经济增长主要依赖于丰富的自然资源和投资的拉动，要想使政府及企业脱离这种思维惯性，是一个很艰难的过程。由于国有企业市场化程度相对较低，目前整个市场配置资源机制尚不完善，国企民企缺乏创新的动力，更加重了对资源和投资的思维依赖。为了打破这个僵局，政府应制定有利于创新驱动发展的政策，从基础性改革开始，通过经济体制改革释放经济活力，为我国国企民企资源整合与创新发展奠定基础。政府应一方面加快落实国有经济体制改革，逐步调整国有经济的布局和结构；另一方面深化国有企业体制改革，引导国有企业参与市场竞争，建立现代企业管理制度。同时要引导和鼓励民企等非公有制经济进入市场，并且通过完善相关法律法规等方式提供公平有序的市场环境，通过提供财政税收等政策鼓励民营企业的创新行为。

其次，推进行政管理体制改革。我国各级政府应明确政府职能，通过行政管理体制改革，针对变化的情况制定完备的、创新性的、有意义的条款，服务于国企民企创新驱动的发展进程。国企民企是我国创新驱动战略的主力军，政府应全力支持国企民企的创新行为，进一步深化行政审批制度改革，推进政府的简政放权，全面简化、调整与创新创业相关的审批等步骤，将改革结果公示大众。改革政府绩效管理体系，设置公正科学的绩效评价考核体系，并设立相关部门严格监管，实时监督政府绩效水平。应完善政务信息公开机制，进一步增加公开渠道的宣传力度，切实向公众公开行政审批目录，并建立动态的更新机制，推行网络监察。

最后，强化科技管理体制改革。我国各级政府要强化《关于深化体制机制改革加快实施创新驱动发展战略的实施意见》中有关激励人才创新创业政策的落实，完善科技创新成果的激励机制，提高科研人员成果转化收益比例，激励高科技人才转化科研成果，促进科技研究从理论化快速发展到成果化、产业化。引导重大科技专项良性发展，扩大投入科技项目经费占财政科技项目的比例，加强对各类科技项目的评估和验收。建立科技创新政府引领体制，强化对科技创新的支持力度，突出产学研结合的重点，搭建高水平的创新交流平台，以产学研协同创新为平台，统筹整合中产研究所、高校等可利用的科技资源，深化与国内高水平科研机构及院校的合作。

二、完善相关法律法规，保障制度性供给

加强产权制度建设，完善国企民企资源整合的制度结构安排。在国企民企进行资源整合的过程中，要加强制度建设，清晰界定企业产权边界。

明确国企民企在资源整合过程中的职责，通过法律法规的规范起到有效的制约与激励作用，减少在资源整合过程中出现的恶性后果。政府应建立完善的产权制度，维护产权所有者在经济上独立自主的地位，保障产权归属清晰，流转通畅，最终实现互惠，避免增加不公平的负外部性，达到激励国企民企资源整合的目的。完善健全产权制度，全面囊括国企民企资源整合时出现的各种情况，避免出现制度真空，即当制度冲突时出现无法可依的情况。

建立健全相关法律法规，为国企民企资源整合与创新发展提供法律

保障。加强对知识产权的保护，尤其是重点产业、关键核心技术、基础前沿领域的知识产权，开展跨部门、跨地区的联合执法活动，同时大力引导知识产权服务业的发展。政府应坚持依法行政，切实维护法律的权威，严格规范公正文明执法，完善国家工作人员学法用法制度，推行行政执法责任制。目前有一些在国企民企资源整合方面的政策，但是从内容上和推行力度上看仍然存在很多不足，因此政府相关部门应基于产权交易、企业并购重组、股东利益等方面推行相关的规定，确保国企民企平等地分享生产要素。

建立有效的监管机制，为国企民企资源整合与创新发展提供制度保证。国企和民企进行资源整合的过程中不可避免的争议就是国资的安全问题。我国各级政府首先要完善国资监管体系，以完善出资人制度为核心，完善国有资产管理体制，依法履行出资人职责，分类推进经营性国有企业的改革、调整和管理，形成规则统一、权责明确、分类分层、规范透明的经营性国资监管全覆盖体系。其次，政府应加强对公众发布信息的网络平台建设，即时反映国企民企的经济状况，展示国企民企资源整合的效率。再次，政府应督促评估机构严格监控国企民企整合的资源走向，定期评估国企民企参与整合的资产，避免在资源整合过程中发生产权混乱，导致企业乃至国家利益受损失的情况。

三、加大相关政策扶植力度，构建良好外部环境

加快建设金融服务平台。将各级政府现有的政府性基金通过与金融机构的合作进行放大，达到政府基金的引领作用，吸引民间资本，鼓励各类创新主体加大自主创新能力建设的投入力度。利用多维融资方式，吸引民间资本参与重大科技创新项目建设，提升企业直接融资比重。强

化建设金融服务中心，搭建"互联网＋金融服务中心"平台，完善平台的金融服务功能，支持发展网络金融、科技金融、产业金融、绿色金融等新兴金融行业，推动科技金融中心建设。严格执行政府监管机构的职责，与时俱进地改进金融监管方式，促进金融业的发展，为国企民企创新驱动发展提供资金保障。

加大税收优惠力度。为鼓励国企民企进行资源整合，应对重组、改制的企业予以免征所得税，并允许重组、改制后的企业可按资产的评估价值计提折旧或者摊销在税前扣除。为吸引外地创新型企业入驻，各级政府也可以在评估资产转移与创新能力后允许进入企业享受原有的减免所得税的政策。加强对企业创新行为的引领和支持，激励国企民企开展多种形式的研发创新活动。首先，在对国企民企资源整合的补贴方面，政府相关部门应当一定程度地向具有发展潜力的低效率企业倾斜，引导低效率企业制定科学的投资计划，推动企业规模合理扩张，加速企业全要素生产效率的提升。但在这一过程中要合理判别企业发展潜力，避免对"僵尸企业"沉淀成本的打捞。其次，研发是企业全要素生产率提升的"发动机"，应当通过补贴缓解国企民企研发活动所面临的资金约束，对具有市场前景和发展潜力的研发领域给予更高额度的研发补贴，引导企业研发投资方向。要提高政府补贴政策的透明度，降低补贴过程中的信息不对称，警惕企业在申请补贴过程中的弄虚作假和投机行为，有效约束和防止补贴过程中的寻租和腐败行为，切实提高政府补贴对企业研发活动的激励和引导作用。最后，要防止政府与国有企业间的"黏性"对补贴政策的干扰，避免国有企业产生"补贴依赖症"；也要避免过分依据经济指标制定国有企业补贴政策的行为倾向，应当合理评估国有企业在推动宏观经济创新发展中的责任和外部性作用，综合考量其在经济社会发展中的战略性地位及其经济价值，科学制定和实施相应的补贴措施。

拓宽企业融资渠道。加大中央财政性投资用于自主创新能力建设的投入，建立经费的保障和监管机制，以保证政府资金充分发挥作用。支持政策性银行、开发性金融机构、商业银行与创业投资、股权投资机构结合，探索投贷联动、债贷结合等融资模式。鼓励民间资本依法设立互联网金融机构等创新方式，支持广大中小民营企业和新兴产业的发展。政府推动政策性产业投资基金及创业投资引导基金对国企民企创新发展的支持，并且鼓励国家级、省级高新开发区和经济开发区设立创业投资引导基金。

营造利于国企民企创新发展的市场环境，为了国企民企能够在市场竞争中得到良性的激励，政府必须整顿和规范市场秩序，完善相关产业监管制度，保护合法经营的企业，打击违法行为，达到市场竞争激励企业创新的根本作用。修正调整限制非公有制经济市场准入的法律法规，完善利于民营资本进入的政策，发挥大型企业集团的示范作用，通过财政税收等政策鼓励民营企业进入基础化工、汽车零部件及新兴产业。

有效利用互联网环境，顺应信息化发展趋势，加强互联网与其他行业融合，将信息产业作为未来经济增长的重要支柱。发展电子商务，继续发展与阿里巴巴、京东等电商的合作关系，重点建设特色产品电子商务平台，同时不断完善电子商务产业发展的支撑环境，如物流系统、信用系统和支付系统等。建设以互联网为依托的物联网，鼓励国企民企发展移动互联网新兴产业，如农村电商、智能物流、智能制造、软件和服务外包、大数据云计算等，培育各地区经济新的增长点。

第二节 中观层面

一、企业间合作

加强企业间的合作是实现国企民企资源整合与创新发展的最根本途径，具体来说包括以下几个方面。

第一，企业所有制与经营形式均不变的国企民企合作发展模式。这种企业间的合作，从本质上来看是将国企与民企置于同等机会和条件的市场中，使其发生作用，相互竞争，最后达到优胜劣汰的效果，是一种只提供竞争平台的竞合方式。这种类型的国企民企间合作可以通过以下方式实现：进一步解除国企的行业垄断和地区垄断，扩大民营企业的市场准入范围并给予其同等的经营条件，从而更大程度地推动企业间的相互竞争、共同协作，更大程度地发挥国企资金、技术密集的优势和民企劳动密集的优势。

第二，企业所有制不变但经营形式改变的国企民企合作发展模式。这种类型的国企民企合作包括了承包经营、托管经营在内的多种合作形式。承包经营是直接将其经营权从政府部门中划拨出来，给予"非官"的"民"某种特殊的权利来进行运作。这种形式并不是真正意义上的民营，而是国有制企业的一种分权管理。经营者按照承包合同自主经营，承包完成国家的目标和任务，国家对完成承包指标的经营者兑现约定的奖励和报酬。租赁经营是国企民企的一种典型合作形式，它使得一部分的国有资产得到盘活，并且也给予了民营单位与个人相应的经营收益。托管经营则主要是将国企自身掌握的经营管理权，借助于信托协议的方式，暂时交付给一个经营较为成功的民营企业代理保管。该受托民营企业一方面具备了真正的自主经营权，另一方面还拥有部分财产的处置权以及收益的分成权。尽管这种国企民企合作的方式在当前仍未全面实行，但只要经过科学的运作，把经营权委托给经营较为成功的民营企业往往能收获显著成果。

第三，企业所有制与经营形式均改变的国企民企合作发展模式。现阶段，这种合作模式是我国国企民企之间开展合作的最主要方式。其具体内容和合作方式也很丰富，例如国企民企之间的相互参股与控股；同行业之间优势产品的整合；兼并重组形成资源共享的新企业等。这种深层次的国企民企间的合作，目前也有许多成功案例。

此外，国企民企间的合作还要着重于深层次、全方位、多角度的合作，既要看到有形资源的整合，又要关注无形资源的整合。资源整合内容具体涉及人力资源整合、技术品牌整合、企业文化资源整合等多个方面。在企业改革过程中，经过改组、改制等多项改革后的企业之间，在经营理念、管理方式、企业文化、人力资源等方面的深层次资源整合需要一个长期的过程，更需要一个良好的体制保障。因此，合作各方需要在市场化运作的前提下，采取科学有效措施，努力实现企业之间有形与无形资产的融合，真正有效地转换、消化、吸收双方或多方企业各类资源，保障企业间合作效益最大化。

在国企民企资源整合与创新发展过程中，企业间合作往往会由于决策者有限理性、缔约方信息不对称以及市场环境的缺陷等原因，使企业间所达成的契约通常是不完全的，企业决策者往往会由于利己主义行为以及缺乏专业素养等原因产生资源整合过程中的逆向选择行为。因此，必须从企业内部和外部两方面着手，通过政府与企业自身的共同努力，为企业合理有效的资源整合构建良好的内外部环境。

首先，成立企业资源整合部，提高部门决策者综合素质。在我国国企民企现有的企业组织结构中，并不存在专门负责资源整合的专业部门，随着资源整合在企业战略实施过程中的重要性日益凸显，成立专业的企业资源整合部，打造一支高素质的专业人才团队尤为重要。在资源整合过程中，作为整合主体的部门决策者与执行者的行为将是影响整合效果的关键因素。利己主义行为、专业知识匮乏以及缺乏职业操守都是资源整合过程中逆向选择行为形成的重要诱因，严重制约了企业间资源整合的进程与效果。因此，设立专业的资源整合部，通过专业知识培训、制度激励等多项措施并举，建造高效人力资源团队，一方面树立领导者的大局观与资源整合的战略思维，另一方面提升部门团队成员的专业素养与道德操守，不仅能够保证本方企业在资源整合过程中做到诚信、透明、公开、合理，还有利于识别合作方企业资源价值的有效信息，有效消除缔约双方间因信息不对称造成的逆向选择问题。

其次，增强企业信息甄别能力，完善自我履约机制。通过对合作方企业信誉度、优势资源兼容性以及整合意愿等因素进行合理甄别与科学分析能够有效降低资源整合过程中逆向选择行为发生的概率。国企民企应努力提高外部信息获取、甄别与分析能力，增强对合作方的考察力度，有效获取合作方的实际禀赋。此外，在进行资源整合的企业某一方出现逆向选择行为时，通过契约规定另一方可以启用合法的"惩罚"机制，包括高额罚款、终止契约等方式，潜在的违约方因此将比较守约净收益与违约不当所得，如果遵守契约的收益高于违约带来的利益，那么自我履约机制就将得以实现，因此，通过建立企业间合法的私人惩罚机制，将有效地抑制逆向选择行为，促进契约的自我履行。

再次，构建企业资源整合风险预警体系，建立重复博弈机制。在我国国企民企资源整合过程中，由于契约的不完全，企业内外部市场环境存在很大的不确定性，逆向选择时有发生，企业面临很大的资源整合风险。如果企业无法对所面临的风险有效管控，就会在激烈的市场竞争中处于不利地位。因此，在变化莫测的市场环境中保持企业可持续发展的竞争优势，充分预测与识别企业资源整合过程中可能面临的各项风险因素，构建企业资源整合风险预警体系已成为企业战略管理的重要任务。企业资源整合风险预警体系的构建是企业资源整合过程中对于可能面临的风险因子开展识别、诊断、预控等活动的保障，通过对各项潜在风险因子与征兆信息进行系统的量化分析，能够实现对企业在资源整合过程中战略风险、交易风险、管理风险以及财务风险的有效监测、预警、诊断及管理。此外，进行资源整合的国企民企通常是针对企业战略中某一具体项目进行合作，其合作方式通常是一次性的。因此，双方追求的多为短期利益，片面追求本方利益最大化，更容易滋生逆向选择行为。通过企业间签订长期合作契约，建立重复博弈机制，能够有效避免企业的机会主义行为，提供劣势资源的一方在接下来的企业合作中不仅难以得到合作方的优势资源，其企业形象也会严重受损。在此情况下，缔约双方更容易在资源整合过程中达成合作默契，实现完全契约条件下企业资源整合的最优目标。

最后，采取一体化策略。必要情况下，采取一体化策略也是解决在国企民企资源整合过程中出现逆向选择问题的一个有效途径。作为相互独立经济主体的缔约双方在资源整合过程中人力、物力、资产专用性较强，生产经营过程衔接紧密，并且其资源整合并非一次性交易而是实现全方位、多层次、高频率的整合，那么通过垂直一体化方式将能够消除合作双方利益冲突，有效解决企业资源整合过程中的逆向选择问题，通过企业间的兼并重组构成联合企业实现外部交易内部化，有效地降低了契约不完全造成的谈判、监督、执行等一系列交易成本。同时，通过一体化形成同一经济主体，培育企业强大的规模生产能力，有利于实现规模经济，实现企业联合利润最大化。

二、企业与政府之间合作

加强与政府之间合作，构建良好政企关系，积极把握政策机遇是国企民企资源整合与创新发展的必然选择。这就要求国企民企与政府都要从自身实际出发，积极主动寻求合作，构筑良好互信的伙伴关系。一方面，我国各级政府部门要明确自身职能，在做到政企分开的同时，制定完善相关政策法规并保证其能够得到有效的贯彻落实。首先，营造公平的外部环境，建立公共信息共享平台，为国企民企资源整合与创新发展提供更加便利的各项服务；其次，拓宽国企民企融资渠道，放宽市场准入条件，扫除偏见与不公正待遇，使二者处于平等的竞争地位；最后，改进监管方式，做到公开、公正、公平，强化产权监管，要有规范合理的程序和清晰具体的操作流程，从而有效防止国有资产流失。另一方面，国企民企要正确处理好与政府之间的关系，学会合理谈判，避免与政府发生矛盾；主动把握政策机遇，善用政府的相关政策；加强与政府之间的交流与合作，主动搭建政商信息沟通、交流的平台。

三、企业与高校、科研机构间合作

国企民企资源整合及创新发展必须建立在国企民企现有创新资源的

基础上，通过国企民企间资源的合理配置与整合以及在此基础上实现的创新驱动发展战略形成多个具备较强创新能力的创新型企业。强化企业在创新中的主体地位，这就要求国企民企资源整合及创新发展中必须加强企业与高校、科研机构间的合作，完善产学研合作创新体系，发挥基础研究的创新源作用，牢牢把握技术创新、成果转化的市场规律，努力优化创新要素供给，提升国企民企的核心竞争力，建设创新企业集群，依靠创新带动区域经济的持续发展。

国企民企在资源整合与创新发展中要坚持优势互补和利益共享原则，充分利用产学研合作带来的正向激励效应，积极与高校、科研机构合作开展新技术研究开发以及仪器设备共享等活动，从而促进科技进步和确保创新驱动发展战略的有效实施。具体包括以下几点：

一是高校及科研机构为国企民企培养专业的技术研发人才，在高校及科研机构开展科研工作的过程中，企业研发人员实现了隐性知识的互惠共享。二是高校及科研机构的研究人员独立任职于各类国有及民营企业，这实际上可以看成是科学知识在高校、科研机构以及企业三个主体中自由转移的一种主要形式，企业家拥有了更多的机会对先进技术的发展趋势进行学习。研究人员一方面可以实地考察现阶段产业发展所需应对的各种困难；另一方面可以在与企业科研人员相互交流的过程中，及时了解获取企业的研究动态。三是建立起一个完善的知识共享平台，通过产学研合作各方的互动参与，确保平台能够常态化运作，借助于平台优势来强化科学知识的共享程度，强化对各主体知识产权的保护程度。

第三节 微 观 层 面

一、把握政策机遇，积极主动融入国家战略

随着"一带一路"倡议、"供给侧结构性改革"等多项重大战略的实施，我国新一轮开放与创新战略布局逐渐由东南沿海地区向东北和内陆地区进一步延伸，全国范围内产业转型升级迎来历史性发展机遇。

当前，我国正处于"十四五"计划开局时期和努力全面建成小康社会的决胜阶段，面临着经济增长速度的换挡、经济结构的调整、社会发展的转型等重大机遇和挑战。在这种形势下，要落实"四个全面"战略布局，要实现经济社会持续健康发展，迫切需要把创新发展理念贯穿于经济社会发展的各个领域，迫切需要不断提高我国国企民企把握政策机遇的水平。

因此，国企民企必须在新一轮的区域竞合中树立高度战略思维，加大资源整合力度，锐意创新，紧紧围绕国民经济和社会发展第十四个五年规划纲要的目标任务，抢抓机遇、迎接挑战、主动融入国家战略，坚持科技创新和体制机制创新"双轮驱动"，积极构建具有中国特色的科技创新体系，大力发展创新型经济，努力建设"创新中国"，努力实现国企民企资源整合与创新发展，为我国全面振兴发展和全面建成小康社会提供坚实的动力支撑。

二、明晰产权，深化企业改革，形成与城镇化、工业化发展良性互动机制

若要实现国企民企资源整合与创新发展，首先必须明晰产权，彻底解决国企民企在资源整合和创新发展中出现的各种产权问题。通过强化产权制度建设，清晰界定企业的产权边界，明确国企民企在资源整合中的各项权利与义务，形成有效的制约与激励机制，降低创新发展的交易成本。首先，必须要明确产权制度建设的操作程序与具体途径，坚持"降低产权安排成本，提高产权安排效率"的原则，在产权的度量方式以及对参与产权改革的投资主体和决策部门等方面制定规范性要求。其次，在以股权置换、项目合作、企业改组、并购重组以及合资上市等具体操作过程中，国企民企应坚持合作的市场化原则，通过合理的市场定价保护双方权利，实现互惠共赢。一旦在资源整合过程中出现产权冲突，应通过既定制度安排适时调整与重新界定产权边界，实现资源整合发展的外部性内在化，在此过程中，还要注意通过规范政府职责以预防各级政府的过度干预与设租行为。最后，除了努力实现产权制度安排的重新定位及多样化创新，还应合理配置国企民企在资源整合过程中涉及的相关互补性制度安排。制度互补性的存在意味着富有活力的制度安排所组成的连贯整体，任何单个的制度安排都难以被轻易改变。制度的互补性还意味着富有活力的制度安排并不一定都是帕累托最优的。因此，各种相关制度安排能对资源整合发展中的企业创新行为具有相应的、一致性的规范作用，避免可能出现的制度真空与制度冲突，实现正式制度与非正式制度的耦合，共同致力国企民企融合发展制度效率的提升。

此外，我国正处于城镇化和工业化建设快速发展的历史时期，也恰

恰赋予了国企民企资源整合与创新发展的良好机遇。一方面，国企民企在资源整合过程中应充分发挥规模经济效应，促进产业集群和基础设施建设，提升整体就业水平，进一步推动城镇化建设和工业化进程；另一方面，为实现创新驱动发展战略，国企民企还应充分利用工业化、城镇化带来的成果，在逐渐成熟的市场经济中利用先进的科学技术、现代化的管理制度、完善的基础设施、廉价的农村剩余劳动力以及优惠的政策支持，实现企业发展方式的转变和经济效益的提升。在互动的过程中，形成与城镇化、工业化发展的良好互动机制，进而加快新型城镇化和工业化进程，推动国企民企的高速发展。

三、培育大企业，提高企业整体竞争力

国企民企的资源整合与创新发展要以培育大企业集团为主要目标，在资源整合过程中不断发展企业集团，从而使我国综合经济实力得到稳步提升。与此同时，借助于大企业集团的优势力量引导中小企业的发展，能够有效促进国企民企资源整合，推动企业创新效率最大化，为传统产业向新兴战略产业转型提供有力支撑。

通过培育大企业进而促进企业整体竞争力的提升，首先应制定科学合理的企业发展战略规划，通过与企业资源和社会资源的有效结合，培育企业自身的竞争优势。具体来说，可以通过以下四种方式进行：第一，将企业经营良好的主业作为依托，并在此基础上延伸产业链，进一步拓宽企业的经营领域，赢得集团优势；第二，在培育大企业、发展企业集团的过程中，提高企业对品牌统一化的重视程度，树立良好的企业形象和品牌价值；第三，实现企业集团内部资源共享，加强企业集团内部信息交流与合作，实现规模效应；第四，在创建子

公司或分公司的过程中，企业应具备较为优质的资本运作能力，并通过在此基础上实现的对目标企业的控股与参股，最终实现资本扩张和规模扩大的目标。

四、构建大企业主导型产业链创新网络，实现全球价值链高端嵌入

对于我国现阶段经济发展水平而言，大企业主导型产业链高端嵌入全球价值链是实现企业参与国际产业链分工的重要方式。借助于国企民企资源优化整合的具体形式，以技术研发能力强的大企业作为主要驱动力，进一步加强与之相配套的中小型零部件供应商之间的合作，塑造以大企业为主导的完整的国内价值链体系，进而有效地促使产业链创新能力的稳步提高，并以此为基础推动价值链体系高端嵌入全球的价值链体系。

为了实现大企业主导型全产业链高端嵌入全球价值链，提升地区产业链竞争力。首先，政府应向已具备向产业链高端攀升潜能的大型企业开展全面系统的评估认证工作，通过补贴、项目补助等多样化的政策重点帮扶具备相应资格的目标企业。其次，产业链内部的各类型企业还应加强交流，通力合作，在国内外市场公平竞争，优胜劣汰，在相互竞合的基础上吸纳并借鉴国际成功的经验，逐步实现技术创新、制度创新、管理创新和市场创新，力求"全产业链"嵌入高端全球价值链的愿望尽快达成，进一步达到国企民企资源有效整合与创新驱动发展战略得到有效实施的最终目标。

五、实现科学管理，有效整合企业文化资源

对国企民企进行科学管理，努力完善国企民企的现代企业制度有助于双方企业文化及员工的有效融合进而促进二者间资源有效整合。具体而言：首先，应在资源整合过程中建立与完善安全信用体系。国企民企的资源整合与创新发展应建立在完整的安全信用体系基础上，缺乏合理信用制度的保障与支撑，企业间资源整合的安全性就难以保证，进而增加国企民企间合作行为的不确定性，大幅度提高交易成本。政府对于安全信用体系的建立可以在传统的通过工商、公安、税务、银行等部门建立信用记录的基础上，在线上与互联网电商、新媒体加强合作，实现线上和线下企业信用记录的全方位联网，构建更加系统与完整的信用安全体系；其次，应建立与健全资源需求方的利益保障机制。在传统经济的商业模式运行下，为保障资源需求方的相关利益，政府部门主要通过制定针对供应方侵权和需求方保护的法律法规并加以有效执行。在共享经济的时代发展下，我国各级政府一方面可以通过更加规范的平台互评机制约束资源供给方的行为，另一方面，政府应当从制度层面来保障资源需求方的利益，基于对资源需求方的利益保护来规范供给方行为，从而使我国国企民企间的资源整合和创新发展能够健康可持续地运行；最后，还应对资源共享互联网平台加强监督和管理的力度。资源共享的互联网平台的定价机制是否合理、交易规则是否准确以及相应运行模式是否平稳都会影响到国企民企间资源共享与创新行为的广度和深度。因此，政府应当从互联网平台行业的自律标准、监督与管理主体的独立、监测指标体系的完善、市场准入和退出机制、市场主动信息披露制度等方面细化对资源共享的互联网平台监管，实现科学管理。

六、树立创新型人才培养与引进理念，建立多元化激励机制

创新型人才是当今世界最重要的战略资源。大力培养与引进创新型人才，已成为各国各地区实现经济发展、科技进步和地区竞争力提升的重要战略举措。因此，牢固树立创新型人才培养与引进理念，大力培养和引进创新型人才是国企民企资源整合与创新发展的当务之急。获取创新型人才的途径包括内部培养和外部引进两个方面，国企民企应从两方面同时着手，齐头并进。一方面，企业的领导者要善于挖掘具备创新思维的人才，通过制定科学合理的培训计划，有针对性地对他们进行培养。通过派送经理人参加相关培训和讲座、去国内外大学深造、在企业内部关键岗位轮岗锻炼等手段培养他们自身的科学创新素养，激发他们的创新潜质，为他们搭建实现创新价值的基本平台。另一方面，国企民企也要重视创新型人才的引进，破除"用人唯亲"的思想，大力引进具有创新意识和团队精神的管理人才。

鉴于创新型人才的特殊性，国企民企应采取更为灵活的激励分配方式，积极探索多元化的激励机制。第一，在薪酬激励方面，要建立灵活而有效的薪酬激励机制。薪酬福利体系的设定应着力于提高广大员工的积极性，将公司的利益与员工的收入水平相结合，增加员工绩效工资的比重，从而提高公司员工的工作效率，最大限度地激发创新型人才的活力与创造力。努力推进员工薪酬与股权激励制度。国企民企在资源整合过程中内部的自然人合作所形成的员工持股是实现国企股权多元化的重要途径，也是混合所有制改革的重要形式。员工持股实现了员工从劳动者身份到股东身份的转变，形成了资本所有者和劳动者的利益共同体，

有利于增强员工的主人翁意识和企业团队的凝聚力、向心力，有利于激发员工的积极性、创造性。员工持股还有利于形成合理的股权制衡模式，对企业内部的贪腐行为形成有效的监督，防止内部人侵害企业利益的短期行为。特别是考虑到对企业家才能的激励，这一制度更显重要。企业的竞争实质上是人才的竞争，培育一个具有企业家精神的职业经理人在很大程度上是企业成功的关键。以年薪、奖金、股权等形式进行激励，将公司未来业绩与高管长远收益紧密挂钩，有利于提高管理层的工作效率，减少机会主义行为，实现企业价值最大化，进而实现企业利益相关者的财富最大化。第二，积极引导员工开展自我职业规划。公司应在价值观、行为取向以及兴趣等方面对员工进行引导和提供相应的帮助，引导员工正确认识到自己所处的位置并据此制定出合理的职业生涯规划。第三，培育公司企业文化，形成和谐进取的文化氛围。公司应当高度重视企业文化建设，坚持以人为本的观念，引导全公司形成和谐友爱、团结信任的良好氛围，推动公司不断形成一个有机统一体。让创新型人才真正感觉到国企民企尊重知识、渴望人才的价值理念。加强制度深度融合，必须深刻认识和加强企业文化管理。在国企民企资源整合过程中，要充分继承国企的优秀管理理念和经验，加强治理架构建设、党建、运营风控管理，弱化根深蒂固的大国企观念；要充分继承民企的优秀运营理念和经验，加强创业创新管理、弱化小经营单元管理，弱化经验主义管理理念和做法；要充分继承民营企业的优秀投资经验，加强技术投资、营销投资及管理投资，弱化集中决策、分散执行的冗长缓慢的决策模式和执行习惯。国企民企资源整合与创新发展，要通过试点试验，逐步迭代摸索适合混合所有制企业的企业文化管理体系，构建面向多元投资主体的诚信文化，构建面向市场化运营的共赢文化，构建面向知识经济时代的创新文化。

参 考 文 献

学术期刊：

［1］才国伟，邵志浩，刘剑雄．组织管理结构、政府公共服务与民营企业转型升级［J］.财贸经济，2015（4）：46－59.

［2］蔡地，黄建山，李春米，刘衡．民营企业的政治关联与技术创新［J］.经济评论，2014（2）：65－76.

［3］蔡贵龙，郑国坚，马新啸，卢锐．国有企业的政府放权意愿与混合所有制改革［J］.经济研究，2018，53（9）：99－115.

［4］蔡晓珊．制度变迁、政府行为与珠三角民营经济的发展［J］.现代管理科学，2011（1）：111－113.

［5］陈波．论创新驱动的内涵特征与实现条件——以"中国梦"的实现为视角［J］.复旦学报（社会科学版），2014（7）：124－133.

［6］陈海涛．基于DEMATEL改进的AHP－FCE方法在企业社会责任评估中的应用［J］.当代经济，2019（2）：130－134.

［7］陈劲，阳银娟．协同创新的理论基础与内涵［J］.科学学研究，2012，30（2）：161－164.

［8］陈孝兵．知微见著　革故鼎新——第12届中国政治经济学年会综述［J］.社会科学动态，2018（12）：116－123.

［9］程晨．技术创新溢出与企业全要素生产率——基于上市公司

的实证研究 [J]. 经济科学, 2017 (6): 72 - 86.

[10] 程东祥, 朱虹, 王启万, 陈静. 供给侧结构改革的发生机制研究——基于不同经济学视角 [J]. 现代经济探讨, 2018 (6): 37 - 42.

[11] 程恩富, 谭劲松. 创新是引领发展的第一动力 [J]. 马克思主义与现实, 2016 (1): 13 - 19.

[12] 董志勇. 科技创新与现代化经济体系 [J]. 经济科学, 2018 (6): 11 - 17.

[13] 冯志峰. 供给侧结构性改革的理论逻辑与实践路径 [J]. 经济问题, 2016 (2): 12 - 17.

[14] 高山行, 肖振鑫, 高宇. 企业制度资本对创新倾向的影响研究 [J]. 科学学研究, 2019 (8): 1489 - 1497.

[15] 葛扬. 市场机制作用下国企改革、民企转型与混合所有制经济的发展 [J]. 经济纵横, 2015 (10): 46 - 50.

[16] 龚刚. 论新常态下的供给侧改革 [J]. 南开学报 (哲学社会科学版), 2016 (2): 13 - 20.

[17] 郭惠玲. 波特竞争理论与资源理论的逻辑路线整合——构建"资源—战略—竞争" (RSC) 理论模型 [J]. 内蒙古农业大学学报 (社会科学版), 2012, 14 (6): 218 - 229.

[18] 韩文龙. "技术进步—制度创新—企业家精神" 的创新组合及其增长效应 [J]. 社会科学辑刊, 2019 (3): 202 - 212.

[19] 何郁冰. 产学研协同创新的理论模式 [J]. 科学学研究, 2012, 30 (2): 165 - 174.

[20] 洪银兴. 培育新功能: 供给侧结构性改革的升级版 [J]. 经济科学, 2018 (3): 5 - 13.

[21] 胡凯, 李江. 论创新发展逻辑下的资源作用结构与配置引导

[J]. 求是学刊, 2018 (3): 55 – 63.

[22] 黄剑. 论创新驱动理念下的供给侧改革 [J]. 中国流通经济, 2016 (5): 81 – 86.

[23] 黄速建, 肖红军, 王欣. 论国有企业高质量发展 [J]. 中国工业经济, 2018 (10): 19 – 41.

[24] 黄新华, 马万里. 引领经济高质量发展的供给侧结构性改革: 目标、领域与路径 [J]. 亚太经济, 2019 (4): 105 – 110.

[25] 贾可卿. 混合所有制背景下的国有企业改革 [J]. 吉林大学社会科学学报, 2019, 59 (5): 80 – 221.

[26] 江瑞祺. 互联网企业并购简析——以阿里巴巴并购优酷土豆为例 [J]. 科技经济导刊, 2019, 27 (11): 193 – 194.

[27] 孔茗, 吴维库. 基于价值观共享的协和控制 [J]. 经济研究导刊, 2012 (20): 169 – 171.

[28] 李杰. 浅谈人力资源战略中的企业文化要素 [J]. 现代经济信息, 2012 (7): 299.

[29] 李轲, 王世红. 企业协同创新常见模式的路径探析 [J]. 中国市场, 2018 (36): 75 – 77.

[30] 李维安, 邱艾超, 阎大颖. 企业政治关系的研究脉络与未来展望——兼论中国制度环境下的行政型治理 [J]. 外国经济与管理, 2010 (5): 85 – 95.

[31] 李维安, 邱艾超, 古志辉. 双重公司治理环境、政治联系偏好与公司绩效: 基于中国民营上市公司治理转型的研究 [J]. 中国工业经济, 2010 (6): 85 – 95.

[32] 李文贵, 余明桂. 产权保护与民营企业国有化 [J]. 经济学 (季刊), 2017, 16 (4): 1341 – 1366.

[33] 李垣, 魏泽龙. 中国企业创新40年 [J], 科研管理, 2019 (6): 1-8.

[34] 廖冠民, 沈红波. 国有企业的政策性负担: 动因、后果及治理 [J]. 中国工业经济, 2014 (6): 96-108.

[35] 廖冠民, 张广婷. 盈余管理与国有公司高管晋升效率 [J]. 中国工业经济, 2012 (4): 115-127.

[36] 林琳. 创新是引领发展的第一动力 [J]. 企业导报, 2016 (20): 1-5.

[37] 林嵩, 张帏, 林强. 高科技创业企业资源整合模式研究 [J]. 科学学与科学技术管理, 2005 (3): 143-147.

[38] 刘凤委, 李琦. 市场竞争、EVA评价与企业过度投资 [J]. 会计研究, 2013, 34 (2): 54-62.

[39] 刘海明, 曹廷求. 信贷供给周期对企业投资效率的影响研究——兼论宏观经济不确定条件下的异质性 [J]. 金融研究, 2017 (12): 80-94.

[40] 刘和旺, 郑世林, 王宇锋. 所有制类型、技术创新与企业绩效 [J]. 中国软科学, 2018 (3): 28-40.

[41] 刘慧龙, 王成方, 吴联生. 决策权配置、盈余管理与投资效率 [J]. 经济研究, 2014 (8): 93-106.

[42] 刘慧龙, 张敏, 王亚平, 吴联生. 政治关联、薪酬激励与员工配置效率 [J]. 经济研究, 2010 (9): 109-121.

[43] 刘静, 邓丽. 经济转型下民营企业制度创新发展研究 [J]. 法制与经济, 2019 (6): 113-114.

[44] 刘张发. 所有制性质、内部薪酬差距与企业创新——基于企业创新的三个维度 [J]. 山西财经大学学报, 2019, 41 (11): 69-82.

[45] 刘张发，田存志，张潇．国有企业内部薪酬差距影响生产效率吗 [J]．经济学动态，2017（11）：46－57.

[46] 柳卸林，葛爽，丁雪辰．工业革命的兴替与国家创新体系的演化——从制度基因与组织基因的角度 [J]．科学学与科学技术管理，2019（7）：1－12.

[47] 陆玉梅，俞欣，周健颖．民营企业新生代员工社会责任行为决策机制研究 [J]．宏观经济研究，2018（7）：141－150.

[48] 吕臣，陈廉．民营中小企业深度融入"一带一路"产能合作的困境与建议 [J]．经济纵横，2019（6）：62－67.

[49] 买生，张纹瑞．政治关联、董事会断裂带与民营企业技术创新 [J]．财会通讯，2019（24）：76－79.

[50] 潘佳，刘益，王良．企业技术创新与企业社会绩效关系实证研究——基于国有企业和民营企业的分类样本 [J]．科技进步与对策，2014（13）：73－77.

[51] 平新乔．新一轮国企改革的特点、基本原则和目标模式 [J]．经济纵横，2015（2）：1－6.

[52] 齐平，池美子．混合所有制经济的理论探析、演化机理与模式创新 [J]．求是学刊，2019（1）：62－72.

[53] 齐平，李如潇．国企民企资源整合与创新发展研究 [J]．中国经贸导刊（中），2019（1）：105－108.

[54] 齐平，李如潇．基于契约理论的战略联盟企业信息资源共享模式研究 [J]．情报科学，2018，36（8）：46－52.

[55] 齐平，李彦锦．国有企业与民营企业融合发展的制度环境构建研究 [J]．经济纵横，2016（2）：9－12.

[56] 齐平，宿柔嘉．国企民企资源整合与创新行为的内在互动耦

合机制研究 [J]. 理论探讨, 2018 (5): 107 - 113.

[57] 任曙明, 李馨漪, 王艳玲, 韩月琪. 民营参股、制度环境与企业创新 [J]. 研究与发展管理, 2019 (3): 59 - 71.

[58] 尚所林. 供给侧结构改革的理论依据及实践创新 [J]. 企业改革与管理, 2016 (21): 3 - 14.

[59] 石志忠. 民营企业人才使用问题与对策探析 [J]. 经济视角 (下), 2010 (3): 30 - 31.

[60] 苏洪林, 肖传亮. 新经济时代背景下民营企业人本管理文化构建的着力点 [J]. 当代经济, 2019 (1): 124 - 125.

[61] 苏屹, 王洪彬, 林周周. 东三省现代化经济体系构成与优化策略研究 [J]. 中国科技论坛, 2019 (3): 132 - 139.

[62] 孙宝云. 基于马克思人本思想的民营企业文化建设研究 [J]. 文化创新比较研究, 2019 (3): 16 - 17.

[63] 孙亮, 石建勋. 中国供给侧改革的相关理论探析 [J]. 新疆师范大学学报 (哲学社会科学版), 2016, 37 (3): 75 - 82.

[64] 孙玉涛, 刘凤朝. 中国企业技术创新主体地位确立——情境、内涵和政策 [J]. 科学学研究, 2016 (11): 1716 - 1724.

[65] 汤吉军. 不完全契约视角下国有企业发展混合所有制分析 [J]. 中国工业经济, 2014 (12): 31 - 43.

[66] 唐保庆, 吴飞飞. 知识产权保护、地方保护主义与区域间服务业结构发散 [J]. 经济学动态, 2018 (7): 82 - 100.

[67] 唐纯. 共享经济对经济结构调整的作用机制 [J]. 改革与战略, 2016 (4): 10 - 13.

[68] 滕泰, 冯磊. 新供给主义经济理论和改革思想 [J]. 经济研究参考, 2014 (1): 75 - 83.

[69] 田轩，孟清扬. 股权激励计划能促进企业创新吗 [J]. 南开管理评论，2018，21（3）：176 - 190.

[70] 田智杰，邸志军. 基于知识管理的企业协同创新研究 [J]. 企业改革与管理，2018（23）：5 - 7.

[71] 汪秀婷，程斌武. 资源整合、协同创新与企业动态能力的耦合机理 [J]. 科研管理，2014，35（4）：44 - 50.

[72] 王芳. 基于"互联网 +"时代的企业管理创新研究 [J]. 品牌，2015（4）：83 - 84.

[73] 王庆喜，庞海松. 企业资源理论实证研究述评 [J]. 首都经济贸易大学学报，2007（1）：100 - 104.

[74] 王喜文. "互联网 +"改变汽车属性与生产制造模式 [J]. 物联网技术，2015（8）：2.

[75] 魏浩，李晓庆. 知识产权保护与中国企业进口产品质量 [J]. 世界经济，2019，42（6）：143 - 168.

[76] 席鹏辉，梁若冰，谢贞发，苏国灿. 财政压力、产能过剩与供给侧改革 [J]. 经济研究，2017，52（9）：86 - 102.

[77] 谢苏平. 新形势下民营企业管理模式的构建与完善 [J]. 全国流通经济，2019（7）：51 - 52.

[78] 辛蔚，和军. 国企混合所有制改革收益、成本与优化路径 [J]. 政治经济学评论，2019，10（5）：101 - 116.

[79] 徐道宣，饶扬德. 资源整合提升企业竞争力的对策研究 [J]. 企业活力，2007（8）：10 - 11.

[80] 杨承训，郭民生. 建构中国特色知识产权经济理论引论 [J]. 中州学刊，2019（7）：22 - 30.

[81] 杨恩龙. 全面预算管理在民营集团企业的应用研究 [J]. 财

会学习，2019（11）：34 - 36.

[82] 杨红英，童露. 国有企业混合所有制改革中的公司内部治理 [J]. 技术经济与管理研究，2015（5）：50 - 54.

[83] 杨红英，童露. 论混合所有制改革下的国有企业公司治理 [J]. 宏观经济研究，2015（1）：42 - 51.

[84] 杨敏. 传统行业的企业资源整合与商业模式创新 [J]. 市场研究，2019（10）：69 - 70.

[85] 尹剑峰，陈发裕. "互联网＋"背景下企业并购扩张的内在机理研究 [J]. 技术经济与管理研究，2017（2）：56 - 60.

[86] 于天远，吴能全. 组织文化变革路径与政商关系——基于珠三角民营高科技企业的多案例研究 [J]. 管理世界，2012（8）：129 - 146.

[87] 袁哲. 论企业资源、软硬实力与核心竞争力之间的关系 [J]. 商业时代，2010（30）：86 - 135.

[88] 曾萍，刘洋，吴小节. 政府支持对企业技术创新的影响——基于资源基础观与制度基础观的整合视角 [J]. 经济管理，2016（2）：14 - 25.

[89] 翟胜宝，马静静，毛志忠. 环境不确定性、产权性质与上市公司投资效率 [J]. 会计与经济研究，2015，29（5）：11 - 23.

[90] 詹雷，王瑶瑶. 管理层激励、过度投资与企业价值 [J]. 南开管理评论，2013，16（3）：36 - 46.

[91] 张大鹏，孙新波. 平台型商业生态系统中整合型领导力对企业协同创新绩效的作用机制研究 [J]. 上海管理科学，2018，40（1）：67 - 76.

[92] 张帆. 辽宁国有企业混合所有制改革问题与对策研究——兼论辽宁完善体制机制问题 [J]. 渤海大学学报（哲学社会科学版），

2019，41（5）：95－98．

[93] 张敏，张一力．文化嵌入、契约治理与企业创新行为的关系研究——来自温州民营企业的实证检验 [J]．科学学研究，2014（3）：454－463．

[94] 张如意，任保平．供给侧结构改革的政治经济学逻辑 [J]．人文杂志，2016（6）：20－25．

[95] 赵丹洁．浅析国有企业员工培训存在的问题及解决对策 [J]．现代商业，2016（27）：60－62．

[96] 郑志来．共享经济的成因、内涵与商业模式研究 [J]．现代经济探讨，2016（3）：32－36．

[97] 中国共产党第十八届中央委员会第五次全体会议公报 [J]．求是，2015（21）：3－7．

[98] 周建，杨帅，郭卫锋．创业板民营企业战略决策机制对公司绩效影响研究 [J]．管理科学，2014（2）：1－14．

[99] 周开国，卢允之，杨海生．融资约束、创新能力与企业协同创新 [J]．经济研究，2017，52（7）：94－108．

[100] 周婷婷．董事会治理、环境动态性与内部控制建设 [J]．山西财经大学学报，2014，36（10）：111－124．

[101] 邹琪，刘锦虹，洪侃等．科技型企业研发投入对企业绩效影响的实证研究 [J]．金融与经济，2014（9）：60－84．

报刊资料：

[1] 顾功耘．国有企业创新发展的制度基础 [N]．民主与法制时报，2016－03－31（4）．

[2] 何晓斌．民营企业的创新研发与转型升级 [N]．中华工商时

报，2019－07－04（3）.

[3] 姜凌. 新时代国企混合所有制改革路径探究 [N]. 经济参考报，2019－08－26（7）.

[4] 滕泰. 加强供给侧改革开启增长新周期 [N]. 经济参考报，2015－11－18（2）.

[5] 王绛. 以创新引领国有企业改革发展 [N]. 21世纪经济报道，2018－10－22（4）.

[6] 整合国企资源做优国有资本 [N]. 第一财经日报，2019－07－09（A02）.

中文专著：

[1] 彼得·德鲁克，朱彦斌. 创新与企业家精神 [M]. 北京：机械工业出版社，2018.

[2] 陈东华，包小云. "互联网＋"背景下中小微商业模式创新研究 [M]. 北京：经济科学出版社，2018.

[3] 陈劲，郑刚. 创新管理：赢得持续竞争优势 [M]. 北京：北京大学出版社，2016.

[4] 崔新建，郑勇男. 中国民营企业现代企业制度建设研究 [M]. 北京：经济管理出版社，2018.

[5] 杜天佳，王佳佳. 推动中央企业供给侧结构性改革研究 [M]. 北京：中国金融出版社，2017.

[6] 国资委改革办. 国企改革若干问题研究 [M]. 北京：中国经济出版社，2017.

[7] 胡乐明，宋云中. 国有企业改革发展研究 [M]. 北京：经济管理出版社，2012.

［8］兰杰·古拉蒂. 管理学［M］. 北京：机械工业出版社，2018.

［9］林家彬，刘洁，项安波. 中国民营企业发展报告［M］. 北京：社会科学文献出版社，2014.

［10］上海财经大学 500 强企业研究中心. 中国 500 强企业持续创新力研究［M］. 上海：上海财经大学出版社，2015.

［11］宋文阁，刘福东. 混合所有制的逻辑：新常态下国企改革和民企机遇［M］. 北京：中华工商联合出版社，2014.

［12］万军. 技术创新与产业升级［M］. 上海：南开大学出版社，2015.

［13］吴敬琏. 供给侧改革（经济转型重塑中国布局）［M］. 北京：中国文史，2016.

［14］杨加陆. 管理创新［M］. 上海：复旦大学出版社，2015.

［15］赵振勇. 创新与管理 4.0 德国企业经营及实体经济成功之路［M］. 北京：人民邮电出版社，2019.

［16］中国科学技术发展战略研究院，中央财经大学经济学院. 2018 年中国企业创新能力评价报告［M］. 北京：科学技术文献出版社，2018.

［17］中国企业管理研究会，中国社会科学院与创新发展研究中心. 创新、创业与企业管理（中国企业管理研究会年度报告 2016～2017）［M］. 北京：经济管理出版社，2017.

英文资料：

［1］Blair J. D. & Fottler M. D. Challenges on Health Care Management：Strategic Perspectives for Managing Key Stakeholders［J］. Journal for Health Care Quality，1991，13（3）：38－39.

［2］ Brenner S. Corporate Political Activity: an Exploratory Study in a Developing Industry ［J］. Research in Corporate Social Performance and Policy, 1980, （2）: 197 – 236.

［3］ David Collis & Cynthia A. Motgomery. Competing on Resource: Strategy in 1990s ［J］. Harvard Review, 1995: 7 – 8.

［4］ Douglas B. Holt. How Consumers Consume: a Typology of Consumption Practices ［J］. Journal of Consumer Research, 1995, 22 （1）: 1 – 16.

［5］ Grant Robert M. The Resource – Based Theory of Competitive Advantage: Implications for Strategy Formulation ［J］. California Management Review, Spring 1991, 33, 3: 114 – 135.

［6］ Jay Barney J. Firm Resources and Sustained Competitive Advantage ［J］. Journal of Management, 1991, 17: 99 – 120.

［7］ Mason P. A. & Hambrick D. C. Upper Echelons: the organization as Reflection of Its Top Managers ［J］. Academy of Management Review, 1984 （9）: 193 – 207.

［8］ Miller D. & Shamsie J. The Resource – Based View of the Firm in Two Environments: the Hollywood Film Studios from 1936 to 1965 ［J］. Academy of Management Journal, 1996, 39: 519 – 543.

［9］ Mitroff I. & Mason R. Challenging Strategic Planning Assumptions: Theory, Cases and Techniques ［M］. New York: Wiley, 1981.

［10］ Nelson R. & Winter S. The Evolution Theory of Economic Change ［M］. The Commercial Press, 1982.

［11］ Raphael Amit. Paul J. H. Schoemaker. Managing Assets and Skills: a Key to Sustainable Competitive Advantage ［J］. Strategic Management Journal, 1993, 31 （1）: 91 – 106.

［12］ Schumpeter J. The Theory of Economic Development ［M］. Harvard University Press，1912.

［13］ Wernerfelt B. A Resource-based View of the Firm ［J］. Strategy Management Journal，1991，2：171 - 180.

后　记

当今世界正经历百年未有之大变局，新一轮科技革命和产业变革深入发展，国际力量对比深刻调整，国际环境日趋复杂，不稳定性不确定性明显增加。我国发展环境深刻复杂变化，预示着我们面临的竞争必将加剧。这种竞争的焦点在于经济实力的竞争及科技实力的较量，企业作为经济的载体其发展质量直接决定着一国经济发展的质量。

多年来，我及我的学术团队一直聚焦企业问题的相关研究，我们有幸于2016年申报的国家社会科学基金项目《供给侧改革视阈下国企民企资源整合与创新行为研究》获得立项，借此我们围绕企业资源整合及创新发展问题展开了全面研究并取得了丰硕的相关成果。此项目已经按期顺利结项。作为此项目结项前阶段性成果，我们公开发表了《混合所有制经济的理论探析、演化机理与模式创新》《基于契约理论的战略联盟企业信息资源共享模式研究》《国企民企资源整合与创新行为的内在互动耦合机制研究》等9篇学术论文；《培育世界一流企业目标下吉林省国企民企资源整合研究》等2篇研究报告得到省领导肯定性批示；《混合所有制背景下国有股最优比例研究》专著顺利出版；《资源整合助推吉林省国企民企创新发展》获得2次省级奖项；本专著是结项后的重要成果。

随后我们团队申报的中国工程科技发展战略吉林研究院咨询研究项目（项目编号 JL2020-005-05）也有幸获得立项，我们重点关注了产业及企业融合创新发展问题，中国国企民企深度协同融合与创新发展研究也是我们重要的研究内容。本研究凝聚着我们的心血，更承载着我们的学术情怀。我们期待着这些成果能够有效地服务于我国企业的改革与创新发展，提升国际竞争力。

本专著的顺利出版首先要感谢教育部人文社会科学重点研究基地吉林大学中国国有经济研究中心的大力资助，我作为经济学院的教授同时受聘于中心做专职研究员10多年，也关注国有企业相关研究10余年，伴随着中国国有企业改革的实践所展开的种种思考都令我受益匪浅。在此特别感谢中心的领导对本专著的充分肯定与出版资助。同时，也特别感谢清华大学中国现代国有企业研究院对我们的信任与支持。

本专著的顺利完成也要感谢我们学术团队的成员。参加研究的人员分别是：池美子、张元庆、宿柔嘉、杜高红、朱润酥、李如潇、康楚仪、田丽娟、周楠楠、许天骆、程功、陈柄璋。参加后期出版阶段文字校对的人员分别是：张元庆、康楚仪、高源伯、张赫、吕文超。另外，还有一些同学参加了前期的部分文字校对工作，在此一并表示感谢。特别需要强调的是最终汇总排版组织整理等环节中承担了大量工作的池美子同志，她工作积极认真，经验丰富，完成的质量较高。在此对大家的各项研究工作表示衷心的感谢！祝愿我们在共同学习与研究工作中不断进步与成长。

本专著呈现给各位读者的同时，我们诚挚希望各位专家学者对其中的多种纰漏与不足予以包涵、批评、指正，在此我们深表谢意！

齐　平

2020 年 11 月于长春